제비야, 왜 사람이 좋아?

새 박사 다미의 제비 생태 보고서

정다미 글 | 이장미 그림

모알보알

추천하는 글

동물을 사랑하는 마음이 담긴 오랜 연구의 결실

사람이 사는 집과 그 주변에는 많은 동물이 살아가지만, 그중에서도 인간과 가장 긴밀한 관계를 맺어온 동물이 바로 제비입니다. 제비는 집 처마에 둥지를 틀어 인간의 보호를 받으며, 논과 들에서 곤충을 잡아먹어 벼농사에 큰 도움을 줍니다. 이러한 행동은 인간에게 경제적 이익을 줄 뿐 아니라 자연 생태계의 균형을 유지하는 데에도 중요한 역할을 하지요. 이렇듯 인간과 제비의 관계는 상리공생(서로 다른 두 종의 생물이 공존하면서 서로 이익을 주고받는 관계)의 전형적인 예라고 할 수 있습니다.

정다미 박사는 어릴 적부터 제비를 관찰해 왔습니다. 고등학생 시절에는 제비 둥지 앞에 하루 종일 서서 어미 제비가 새끼에게 먹이를 물어다 주는 횟수를 세며 연구에 몰두하곤 했지요. 하루에 무려 300회가 넘는 꼼꼼한 기록에서 그가 진정으로 동물을 사랑하는 연구자로 성장한 밑바탕을 엿볼 수

있었습니다. 그러한 관심은 나중에 박사학위 논문으로 이어져 인간과 제비의 상리공생 관계를 깊이 탐구하는 연구로 결실을 보았습니다.

이 책에는 그가 현장에서 쌓아 온 치열한 관찰과 실험, 시민 과학 활동의 경험이 생생하게 담겨 있습니다. 단순히 제비의 생태를 소개하는 데 그치지 않고, 인간과 동물이 어떻게 함께 살아갈 수 있는지를 묻고 답하는 생태학적 메시지를 전합니다. 생태 분야의 진로를 희망하는 어린이와 청소년들에게는 연구자의 태도와 탐구 과정을 가까이 보여 주며 큰 영감을 줄 것입니다. 자연과 인간의 공존을 사려 깊게 풀어낸 이 책을 기쁜 마음으로 추천합니다.

장이권 (동물행동학자, 이화여자대학교 에코과학부 교수)

추천하는 글 _2

- 1장   올해도 제비가 돌아왔어요 _7
- 2장   호기심에서 진지한 연구로 _17
- 3장   제비 맞을 준비를 해요 _27
- 4장   제비가 번식을 시작했어요 _37
- 5장   제비는 왜 사람 곁에 둥지를 지을까? _49
- 6장   사람이 없는 집은 위험해 _61
- 7장   모두 함께 찾은 제비 서식지 _71
- 8장   따릉이 타고 제비 찾기 _81
- 9장   기후 변화로 사라지는 제비들 _89
- 10장 제비와 오래오래 함께 사는 법 _101

작가의 말 _110

4월 어느 날, 저는 논문을 마무리하느라 노트북에서 눈을 떼지 못하고 있었어요. 그런데 바깥에서 반가운 지지배배 소리가 들려왔어요.

"제비다!"

올해도 어김없이 제비가 우리 동네에 도착한 거예요. 일 년 만에 돌아온 제비가 얼마나 반갑던지, 당장 달려나갔어요.

"반갑다 제비야! 올해 첫 만남이네!"

밖으로 나가 보니 제비 세 마리가 목청껏 지저귀면서 하늘 위를 뱅뱅 돌고 있었어요. 또 한 마리는 전깃줄에 앉아서 열심히 노래를 부르고 있었는데, 꼬리가 긴 수컷 제비였어요. 이렇게 우리나라에 도착한

제비들은 하늘 위를 뱅뱅 돌거나 전깃줄에 앉아 큰 소리로 노래하며 자신들을 알려요. 그래서 조금만 관심을 가지면 제비가 도착했다는 사실을 금방 알아차릴 수 있답니다.

우리 동네에는 제비가 번식하는 집이 대여섯 군데 있어요. 이 숫자는 해마다 조금씩 달라지기도 하고, 마을이 개발되고 논이 사라지면서 점점 줄어드는 것 같아요. 제가 중학생일 때까지는 바로 앞집 할아버지 댁에 제비가 매년 찾아왔었어요. 덕분에 어린 시절부터 제비와 아주 가깝게 지냈지요.

어? 제비들이 벌써 집 한 군데를 정해 들락날락하고 있어요. 둥지를 지으려는 걸까요? 집 지을 곳을 빨리도 찾았네요!

저는 제비를 연구하는 생태학자예요. 제비가 사는 모습과 환경을 연구하고 우리 인간과 함께 오래오래 살아갈 수 있는 방법을 찾고 있지요. 그런데 어떻게 제비를 연구하게 되었냐고요? 저와 제비의 인연은 아주 오래전으로 거슬러 올라가요.

나의 오랜 친구, 제비

저는 어린 시절부터 새를 좋아했어요. 집 주변에 사는 새들을 관찰하고 직접 글을 쓰고 그림을 그려서 나만의 조류도감을 만들었어요. 잡지나 신문 기사에 새와 관련된 소식이 나오면 스크랩해서 모으고 소감을 덧붙여 놓았어요. 초등학교 4학년이던 어느 날, 신문에서 독수리가 농약에 중독된 기러기를 먹고 떼죽음을 당한 사건을 보았어요. 어

어린 시절 일기에는 제비를 관찰하고 기록한 내용이 가득해요.

른이 되면 새를 연구하고 죽어 가는 새들도 보호하는 조류학자가 되어야겠다고 막연한 꿈을 꾸었지요.

　많은 새들 중에서도 제비는 나의 꿈으로 한발 다가가게 해 준 친구였어요. 어느 날부터 제비의 생김새나 행동, 번식하는 모습을 유심히 보게 되었는데, 다른 동물과는 다르게 사람 곁에서 함께 살아가는 모습이 너무 신기했지요. 앞집 할아버지 댁에서 번식하는 제비를 관찰하는 일이 저의 빠짐없는 일과였어요. 그때 쓴 일기장을 보면 제비의 모습과 행동을 관찰해 적은 기록이 꽤 많아요. 알 크기를 재서 적기도 하고, 알 껍질을 투명 테이프로 붙여 놓기도 했어요.

대학은 생명과학과로 진학했어요. 전공 공부를 하면서 다른 박사님이 하시는 연구를 돕기도 하고, 새와 관련한 대외 활동도 많이 했어요. 그러다 어린 시절 꿈에 다가가기 위해 대학원에 진학했는데, 대학원 공부는 제가 생각했던 것과는 조금 달랐어요.

새를 좋아하는 마음 하나로 학자가 될 수는 없었어요. 새를 학문적으로 접하고 보니, 내가 가려는 길이 맞는지 확신이 들지 않았어요. 그리고 무엇보다 새를 연구할 기회가 많이 주어지지 않았어요. 지도 교수님이 다른 동물을 연구하고 있었기 때문이에요. 큰 회의가 들었죠.

아무래도 제비를 연구해야겠어

그렇게 조금은 침울한 시간을 보내던 여름 어느 날이었어요. 고등학생 시절 제비를 관찰하느라 드나들었던 이웃 할머니 댁에 놀러 갔는데, 할머니가 이렇게 말씀하시는 거예요.

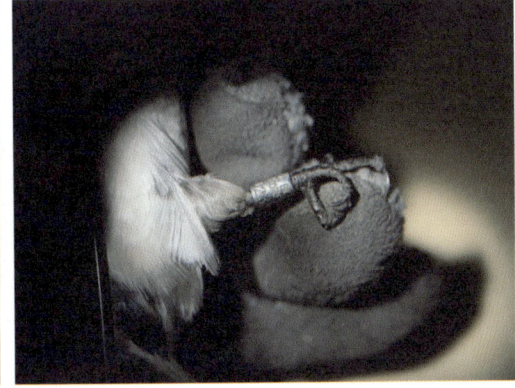

가락지를 단 암컷 제비가 6년째 같은 집에서 번식하고 있었어요.

"네가 와서 다리 붙들어 맨 제비, 그 아이가 계속 우리 집에 와."

믿을 수가 없었어요. 그런데 확인해 보니 정말 제비가 한쪽 다리에 가락지를 달고 있는 거예요! 저는 할머니께 그날 밤 문을 잠그지 말아 달라고 부탁을 드렸어요. 그리고 밤에 다시 찾아가 제비를 포획해서 가락지를 확인했지요. 번호는 KPOBOX 1184 KOREA 010-04023. 제가 6년 전에, 그러니까 고등학생 때 가락지를 달았던 그 암컷 제비였어요! 그 제비가 6년째 같은 집으로 돌아오고 있었던 거예요!

"그래, 나는 새가 아니면 안 돼. 아무래도 제비를 연구해야겠어." 6년째 돌아온 제비에게 저는 깊은 감동을 받았어요. 이때 꼭 제비 연

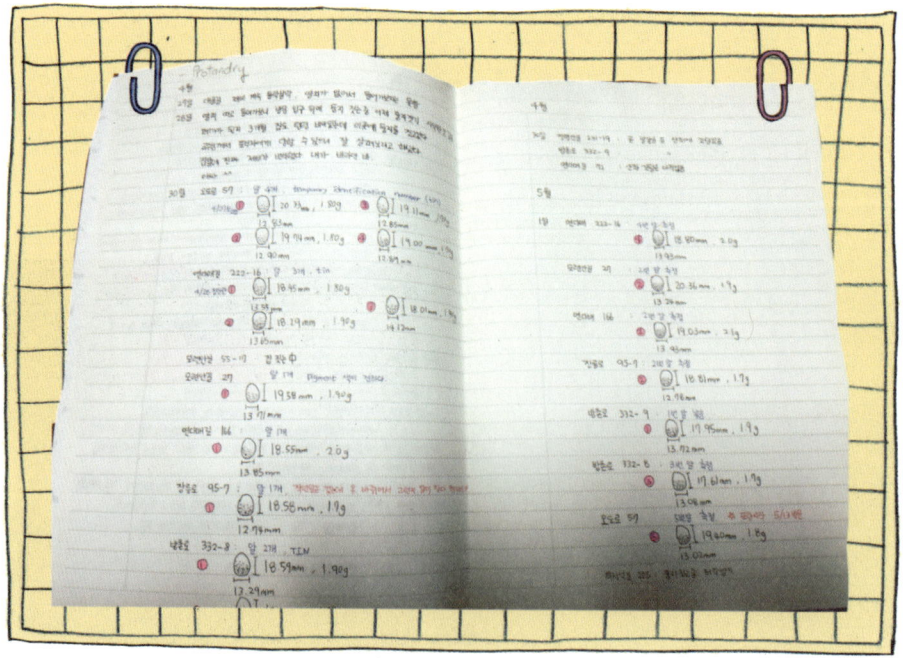

대학원 시절, 지도 교수님을 설득한 제비 연구 노트예요.

구자가 되어야겠다는 결심을 했지요. 그리고 바로 그날부터 그 집 주변의 약 40여 곳에서 제비들을 관찰하기 시작했고, 그 결과물을 열심히 기록했어요. 그리고 기록이 어느 정도 쌓였을 때 지도 교수님을 초대해 보여드렸지요. 제가 관찰하던 제비들과 연구 노트를 천천히 훑어본 교수님은 저의 진심과 열정을 알아차리셨어요. 그리고 제가 제비 연구를 계속할 수 있게 지원해 주셨지요. 이렇게 저는 좌절의 시간을 극복하고 다시 연구에 몰입해 나가기 시작했습니다.

행운을 가져다주는 멋쟁이 제비

전깃줄에 앉은 제비가 다른 새와 구별되는 포인트는 바로 꼬리랍니다. 바깥꼬리깃이 긴 제비는 앉아 있을 때 꼬리가 두드러지지요. 그리

제비는 정말 멋진 생김새를 가졌어요. 광택이 나는 남색 깃털과 긴 꼬리가 특징이지요.

고 봄에 암컷을 부르는 소리를 열심히 내요. 제가 사는 파주에서는 4월 초면 어김없이 "지지배배 지지배배" 소리가 들리기 시작해요. 제 기록에 따르면 2023년에는 4월 10일에 도착했고, 2025년에도 4월 10일에 도착했지요.

  제비가 날아가는 모습은 흡사 나비 같아요. 날개를 편 길이는 30센티미터가 조금 넘어요. 몸집이 작은 편이라 높이 날면 잘 보이지 않지만, 저는 높이, 멀리 날고 있는 제비도 금방 알아보지요. 게다가 우리 집에서는 거실 창으로도 제비가 앉아 있는 모습을 볼 수 있어요. 창을 열면 제비가 보이는 집이라니, 제비 연구자에게는 정말 큰 행운이죠?

제비는 봄의 메신저, 행운, 복과 같은 상징을 가진 동물이에요. 이렇게 좋은 의미가 있어서 그럴까요? 저는 봄에 제비가 돌아오면 활력이 생기는 기분이 들어요. 추위에 움츠러들었던 몸에도 따스함이 퍼지는 느낌이지요. 제비가 전국적으로 도착했다는 소식이 전해지면 기분이 좋아져요.

파란 하늘에 까만색, 하얀색이 선명한 제비가 앉아 있는 모습은 제가 정말 좋아하는 장면이에요. 이때 사진을 찍으면 하늘과 제비가 대비되어 정말 예쁜 사진이 나오지요. 옆 동네 할머니, 할아버지 댁에도 제비들이 도착했을까요? 올해도 제비가 새끼를 잘 낳아 키우고 무사히 월동지로 날아가면 좋겠어요.

여름 철새, 제비

제비는 봄부터 초가을까지 우리나라 농경지나 물 근처, 인간 거주지가 있는 환경에 살면서 처마가 있는 건물에 진흙과 마른풀, 깃털 등으로 둥지를 만듭니다. 우리나라에 머무는 동안 한 번 또는 두 번 새끼를 키우고 추운 겨울이 오기 전 월동지로 이동하는데, 월동지로 알려진 곳은 필리핀, 인도네시아, 인도, 파푸아뉴기니, 호주 북부 등입니다. 가을에는 제주도 도심의 전깃줄과 갈대습지에서 제비가 떼로 모여서 잠을 자는 모습을 관찰할 수 있습니다. 긴 여행을 떠나기 전 한자리에 모이는 것이죠.

2023~2024년 제주도교육청의 연구에 따르면, 우리나라 제주도를 출발해 일본 오키나와, 인도네시아를 거쳐 필리핀 루손 섬에 도착한 제비들은 다음 해 대만과 중국을 거쳐 제주도로 돌아왔어요. 총 이동 거리는 9,200킬로미터에 이르렀어요.

저의 첫 제비 연구는 중고등학교 시절로 거슬러 올라가요. 정확히는 탐조인 박병우 선생님을 만나면서부터지요. 그때 우리 가족은 동물을 좋아하는 가족으로 소문이 나서 TV 프로그램에 출연한 적이 있었어요. SBS 생방송 투데이 〈다미네 가족의 그린 일기〉라는 프로그램이었는데, 박병우 선생님이 그 방송을 보고 우리 집에 찾아오셨고, 우리 가족과 인연을 맺었지요.

박병우 선생님은 제 인생에서 빼놓을 수 없는 분이에요. 선생님 덕분에 중학생이던 제가 망원렌즈와 카메라를 다루게 되었고, 탐조의 매력을 알게 되었어요. 그때부터 전국으로, 때로는 다른 나라로 탐조 여

행을 다니며 다양한 새들을 사진으로 기록할 수 있었지요. 선생님과 함께 한국야생조류협회 회원으로 활동하기도 했어요. 또 선생님이 일본으로 출장을 다녀오실 때면 그곳에서 구입한 책과 기념품을 선물로 주셨어요. 모두 새와 관련된 것들이었죠. 올빼미과, 뻐꾸기과 매과의 사진 도감과 제비 책, 바코드로 읽어서 새소리를 들을 수 있는 조류도감과 리더기, 새소리로 아침을 시작할 수 있는 알람 시계, 물총새 손수건, 일본야생조류협회 기념품까지…… 얼마나 소중하게 여겼는지 몰라요. 지금도 그때 받은 책과 물건들을 모두 간직하고 있지요.

강남 갔던 제비는 다시 돌아올까?

그즈음 저의 관심사는 제비의 귀소성이었어요. 한 집에 둥지를 짓고 살던 제비가 다음 해에도 같은 집으로 돌아올까 궁금했지요. 이 궁금증을 풀기 위해 탐구를 시작했고, 박병우 선생님도 도움을 주셨어요. 고등학교에 막 입학했을 때였는데, 생물 선생님이 저의 관심사와 활동을 보시고는 함께 과학전람회를 준비해 보자고 제안하셨죠. 우리는 2006년 6월 파주시와 의왕시에 서식하는 제비 어미 새 10마리와 새끼 새 8마리에게 가락지를 부착하고 2007년과 2008년에도 같은 집에 돌아오는지 확인했어요. 우리의 탐구 제목은 〈강남 갔던 제비는 다시 돌아올까?〉였답니다.

연구한 결과는 어땠을까요? 2007년에는 어미 새 10마리 중에서 6마리가 같은 집으로 돌아왔고, 2008년에는 2마리가 돌아왔으며, 그해

에 태어난 새끼들은 한 마리도 돌아오지 않았어요. 그리고 귀소한 개체들 중에서 수컷의 귀소율이 암컷보다 더 높은 것을 확인했지요. 이렇게 저의 궁금증이 풀린 것이죠. 제비는 정말 똑같은 집으로 돌아왔어요! 연구 자료를 보니 철새들은 냄새, 자기장, 태양, 별자리, 지형지물 등으로 방향을 찾는다고 해요. 아무리 그래도 수천 킬로미터나 되는 거리를 이동해서 같은 집으로 돌아오다니, 놀랍지요? 저라면 집을 잃어버리고 말 거예요!

몽골에 제비를 보러 갔어요

고등학교 2학년 때는 한국야생조류협회 회원들과 몽골로 탐조 여행을 갔어요. 일행 중에 여성은 저 혼자, 청소년도 저 혼자였는데 불편함도 서먹함도 느낄 틈이 없을 정도로 하루하루가 흥미진진했어요. 이른 아침부터 하루 종일 새만 관찰했어요. 몽골의 제비들은 초원의 드러난 바위에서 알을 낳고 새끼를 키우는데, 둥지 재료로 말 꼬리털과 말똥을 사용했어요. 우리나라 제비들과는 다른 모습이었죠. 다리 아래서는 흰턱제비들이 둥지를 짓고 새끼를 키우고 있었어요. 또 초원에 땅을 파고 그 위에 나무 움막 같은 형태로 지은 간이 화장실이 있었는데, 그 화장실 벽에 구멍을 파고 새끼를 키우는 갈색제비도 관찰하고 기록할 수 있었어요. 냄새 나는 화장실을 둥지로 사용하다니, 정말 신기했어요.

그 밖에도 몽골 탐조 여행에는 많은 추억이 있어요. 나무 꼭대기에 둥지를 튼 솔개를 관찰하러 나무에 오른 일, 초원 땅바닥에 앉아 전투

몽골의 제비들은 건물에 둥지를 짓기도 하지만, 초원의 바위에 둥지를 짓기도 해요.

식량(뜨거운 물만 부어서 먹을 수 있는 간편식)을 먹으려는 순간 솔개가 내 음식을 훔쳐 갔던 일도 있었어요. 차를 타고 가다가 노란 솜털이 보송보송하게 난 귀여운 쇠재두루미 새끼가 도로 옆에 웅크리고 앉아 있는 모습도 보았고, 바위 절벽에 올라 독수리 둥지에서 부화하지 못한 커다란 알을 보기도 했어요. 어느 날은 개구리매가 부리에 지푸라기 같은 마른 풀을 물고 습지 안으로 들어가는 모습을 보고는 분명 둥지가 있을 것이라고 생각했어요. 저는 개구리매의 알과 새끼가 있는 둥지를 찾으려고 물이 가슴까지 빠지는 곳에 들어갔지요.

그때 저는 탐구토론대회를 앞두고 있어 혼자 일찍 우리나라로 귀국해야 했는데요, 몽골을 떠나기 싫어서 대회를 포기하겠다고 엄마와 선생님한테 떼를 쓰기도 했어요. 결국 함께 탐조를 다녔던 일행과 눈물

의 이별을 하고 혼자 비행기를 타고 한국으로 돌아왔답니다. 그때 몽골은 어린 저에게 대자연의 신비와 아름다움을 가득 안겨 준 곳이었어요. 지금 생각해도 다시 찾고 싶은 곳이죠!

호기심으로 똘똘 뭉쳤던 실험과 관찰의 나날들

그 밖에도 청소년 시절 저는 인공둥지를 사용하는 제비, 둥지의 최대 무게 허용치, 가옥별 둥지 위치 조사, 인간과 천적의 인지 및 소리에 대한 반응 실험 등을 진행했어요. 지금 돌아보면 샘플 수도 너무 적었고, 오점도 많았고, 때로는 연구 윤리에 벗어나는 실험들도 있었어요. 하지만 그 시절의 순수한 호기심과 질문, 새를 좋아하는 제가 없었다면 지금의 저도 없었을 거예요.

한번은 하루 동안 어미 제비가 새끼에게 먹이를 주는 횟수가 궁금했어요. 그래서 둥지에 관찰 카메라를 부착하고 아침 6시부터 저녁 6시까지 그 횟수를 측정했어요. 자리를 비우지 않기 위해서 화장실은 엄마랑 번갈아 가고, 식사도 빵으로 대신했어요. 그날 하루 동안 암컷과 수컷이 새끼에게 먹이를 준 횟수는 총 363회라는 걸 알아냈지요! 그러니까 계산하면, 시간당 27.92회, 평균 2분 15초마다 먹이를 물어다 나른 것이었어요. 어떻게 평균 2분 15초마다 먹이를 잡아서 새끼들에게 줄까요? 동물들이 야생에서 살아가는 모습은 정말이지 대단해요.

저는 최근에 〈한반도에 도래하는 제비(*Hirundo rustica*)의 서식지 이용과 기후 변화 시나리오에 따른 잠재 서식지 분포 연구〉로 박사 학

제비가 새끼에게 먹이를 주고 있어요. 먹이는 주로 살아 있는 곤충이에요.

위를 받았어요. 휴학 기간을 포함해 9년간의 긴 여정이었지요. 학문과 연구는 마냥 새가 좋아서 쫓아다녔던 중고등학교 시절 탐구와는 많이 달랐어요. 야외에서 새를 관찰하고 데이터를 수집하는 일은 아주 일부분이고, 통계 프로그램으로 데이터를 분석하고, 결과를 시각화하고, 해석하고, 발표하는 어려운 산을 여러 번 넘어야 했어요. 거기에 연구 주제를 정하는 문제부터 학비, 생활비, 인간관계까지 헤쳐 나가야 할 일이 한두 가지가 아니었지요. 하지만 청소년 시절의 열정 어린 연구와 탐구의 경험이 있었기에 저는 어려운 일들을 하나씩 헤쳐 나갔고, 결국 꿈꾸던 박사 학위까지 받을 수 있었어요. 제비에 대한 호기심이 진지한 연구로 이어진 것은 무엇보다 저를 도

어미 제비가 새끼에게 먹이를 주는 횟수를 기록하는 모습. 제비가 있는 곳이라면 어디든지 달려갔어요.

와주신 많은 사람들 덕분이었어요. 절대로 혼자 할 수 없었지요. 엄마를 비롯한 가족들, 박병우 선생님, 제비 조사에 협조해 주신 이웃 어르신들이 모두 저의 연구를 도와주셨어요. 그 밖에도 국립환경과학원 조사팀과 충북대 조류질병학실험실 연구원들, 동아사이언스 지구사랑탐사대 대원들, 생태보전시민모임, 그리고 지도 교수님까지 도움을 주신 분들이 많아요. 모두 감사한 분들이지요.

저는 청소년 시절을 지나면서 내가 좋아하고, 열정을 갖고, 열심히 하는 일이 있으면 자연스럽게 다른 사람들과 연결이 되고 도움을 받을 수 있다는 걸 알게 됐어요. 그 과정에서 나의 꿈이 대답을 해 주는 날이 있다는 것도요.

제비는 어떻게 생겼을까?

제비는 몸길이가 약 18cm로, 배는 하얗고 멱은 붉은색이며 날개는 광택이 도는 남색입니다. 꼬리는 검정색인데 바깥꼬리깃 2장이 길게 뻗어 있는 것이 특징이며, 꼬리깃에는 흰색 점이 보여 더욱 쉽게 구별할 수 있습니다. 제비의 날개는 길이에 비해 폭이 좁고 끝이 뾰족합니다. 이러한 날개 모양은 저항을 줄이고 양력을 높여 빠르고 효율적인 비행을 가능하게 하지요. 또한 긴 꼬리를 이용해 정밀하게 방향을 전환하며, 공중에서 민첩하게 곤충을 잡아먹는 데 유리한 생김새를 지니고 있습니다.

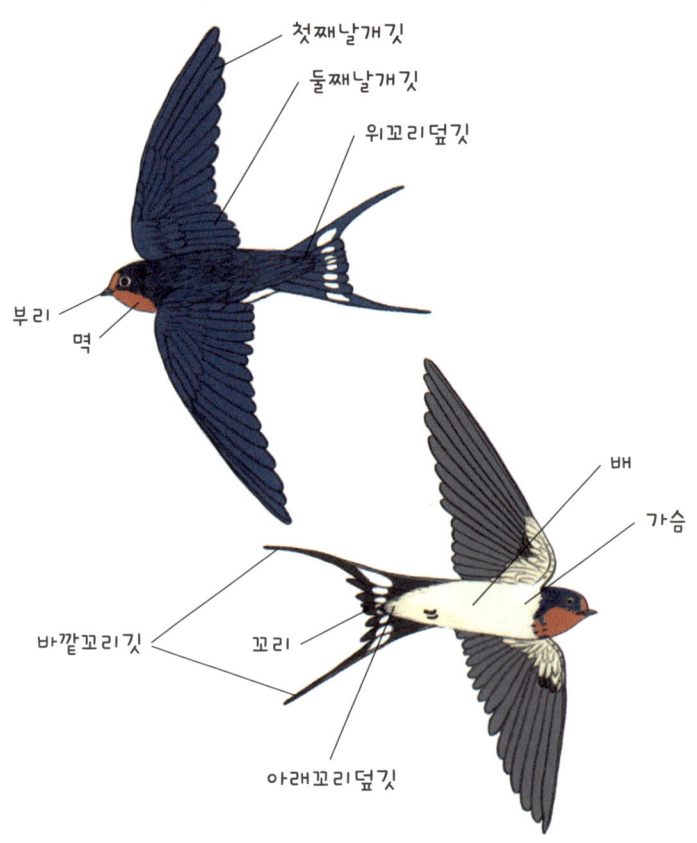

제비를 연구한 이야기를 본격적으로 해 볼게요. 대학원 시절 지도 교수님께 제비 연구 허락을 받고, 저는 본격적으로 데이터 수집에 돌입했어요.

그때 제비를 관찰하면서 푹 빠져 있던 주제가 있었어요. 같은 제비라도 개체마다 꼬리 길이에 큰 차이가 있고, 알 크기도 크거나 작거나 제각각이라는 사실이었어요. 저의 예측은 몸길이와 무게, 꼬리깃의 길이가 길수록 알의 크기도 크다는 것이었지요. 이것을 실제 관찰과 연구를 통해 밝히고 싶었어요. 그래서 주변의 제비가 번식하는 곳을 찾아내어, 알과 어미, 새끼들의 몸길이를 측정했습니다. 제가 연구한 제비 둥지는 모두 합쳐 38개였어요. 38군데나 되는 집의 주인 분들 동의

와 도움 없이는 불가능한 일이었죠. 그 많은 분들의 마음을 어떻게 얻어 냈냐고요? 저만의 비법이 있었답니다.

제비가 오기 전에 제비떡을 돌려요

3월이 되면 아직 춥지만 제법 봄기운이 돌기 시작합니다. 따뜻한 바람도 불고 햇살도 따뜻해지는 느낌이죠. 경칩. 개구리들도 알을 낳기 시작하는 시기예요! 우리나라 한국산개구리(Rana coreana)들은 논이나 수로에서 '히리리리리릭' 하는 소리를 내면서 알을 낳습니다.

봄이 성큼 다가오는 3월 말부터 본격적으로 제비 연구를 위한 준비를 시작합니다. 제비는 여름 철새라서 봄에 우리나라에 찾아와서 새끼를 키우고 다시 월동지로 날아가요. 사실 계획을 세우고 준비물까지 갖추려면 3월도 이른 게 아니에요. 훨씬 전부터 준비를 해 두어야 하죠. 제비가 돌아오기 전에는 모든 준비를 마쳐야 해요!

삼월 삼짇날은 음력 3월 3일로 강남 갔던 제비가 다시 돌아온다는 날이랍니다. 음력 3월 3일은 대체로 4월 첫째주에 있어요. 이제 제법 따뜻해졌다고 느껴질 때! 그때가 바로 제비가 보이기 시작하는 날입니다.

제비가 돌아오기 전에 해야 할 일이 있어요. 바로 제비떡을 하는 거예요. 제비떡이 뭐냐고요? 쌀과 서리태, 말린 호박을 넣고 만든 떡에 제가 제비떡이라는 이름을 붙였어요. 달착지근한 콩이 콕콕 박혀서 오물조물 씹히고, 말린 호박이 입안에서 부드럽게 백설기랑 섞이면서 단

맛이 돌아요. 으음, 다시 생각해도 먹고 싶어지는 맛이에요!

제비떡을 만드는 날은 종일 바빠요. 사실 하루 만에 떡이 만들어지지는 않아요. 쌀과 콩을 물에 불리고, 말려둔 호박을 쪼개서 껍질을 벗겨 얇게 썰어야 하기 때문이죠. 그래야 떡으로 만들 수 있으니까요. 이건 감사하게도 엄마가 모두 준비를 해 주세요. 저는 불린 쌀과 콩, 호박을 차에 싣고 방앗간에 가서 "이 재료들을 넣고, 콩버무리를 해 주세요."라고 말하면 돼요. 그러면 몇 시간 후에 김이 모락모락 나는 떡이 나오지요.

이제 따끈따끈한 제비떡을 차에 싣고 제비 마을로 가요. 제비가 많이 사는 마을은 다 제비 마을이에요. 그리고 제비가 번식할 가능성이 높은 집에 떡을 돌려요. 가능성이 높은 집은 작년에 제비가 번식했던 집이죠. 파주시의 오도동, 연다매길, 하지석길, 거문이길, 장릉로, 방촌로 등이 제가 주로 연구하러 다니는 곳이에요. 모두 38곳으로, 차 트렁크와 문을 수차례 여닫다 보면 어느새 제비떡은 바닥이 나지요.

왜 제비떡을 돌리는지 눈치채셨나요? 제비떡을 해서 돌리는 날은 한 해 동안 제비를 관찰하고 연구할 수 있게 허락받는 날이에요. 처음엔 집집마다 인사를 드리고 처음 뵙는 분들께 허락을 받는 일이 어렵게 느껴졌어요. 그런데 이제는 어렵지 않아요. 제비는 보통 같은 집으로 돌아오는 습성을 가졌으니까 매년 같은 집에 제비떡을 돌리면 되거든요!

처음에는 아무 집이나 가면 안 돼요. 주변에 농경지나 물이 있고, 사람이 사는 집이여야 하고, 주변에 제비가 왔다 갔다 하거나 집으로 들락날락한다면 틀림없죠. 이런 모습을 미리 봐 둔 다음, 선택한 집의 문을 두드리고 집으로 들어가서 설명을 드립니다.

"안녕하세요? 처음 뵙겠습니다. 저는 대학교에서 제비를 연구하는 학생입니다. 혹시 이 집에 제비가 사나요?"

사실 저는 이미 제비가 사는 걸 알고 갔지만요.

"혹시 피해가 되지 않는다면 제가 일 년 동안 제비를 관찰하고 연구를 해도 될까요? 피해가 가지 않게 조심하겠습니다!"

그리고 마지막으로 덧붙이죠.

"이건 방금 방앗간에서 만들어 온 떡인데 맛있게 드시고 앞으로 잘 부탁드립니다."

이렇게 말씀드리면 대부분의 집주인들은 허락을 해 주신답니다.

제비는 인심 좋은 집에 살아요

제비와 함께 살아가시는 분들은 인심이 좋으신 것 같아요. 인심이 좋지 못한 사람이라면 제비가 집에 번식하는 것을 허용하지 않았을 거예요. 제비는 진흙과 지푸라기, 마른풀, 깃털 등으로 둥지를 만드는데, 그러다 보니 집 바닥에 온갖 재료들이 떨어져요. 제비는 집은 예쁘게 만들면서 바닥에 떨어진 진흙이나 풀을 정리하지는 않더라고요. 그뿐만이 아니에요. 새끼가 자라면서 둥지 밖으로 배설물이 떨어지는데 바닥이 온통 배설물로 가득 쌓이게 된답니다. 집주인들은 이런 모든 것

제비가 번식을 하고 나면 둥지 아래에 배설물이 가득 쌓여요.

들을 허용해 주는 분들이니 인심이 좋다고 할 수밖에 없겠죠? 그리고 제비를 연구한다고 하면 대부분 마다하지 않으시는 것 같아요. 특히 혼자 사시는 할아버지나 할머니들은 저를 말벗으로 생각하시기도 하고요.

그런데 집주인 분들께 늘 환영받는 것은 아니에요. 방촌로에 사시는 조재현 할아버지는 제비를 매우 사랑하셨어요. 매년 제비가 집에 와서 둥지를 짓고 새끼를 키웠고, 수십 년도 넘게 제비와 함께 봄, 여름을 보내신 분이었어요. 게다가 이 집에는 여닫이문 위에 제비가 둥지를 틀었어요. 할아버지 댁은 신발을 벗고 대청마루를 지나 방으로 들어가는 구조였는데, 할아버지가 대청마루에 앉아 고개를 쏙 내밀면 바로 제비가 보였고, 문을 열어 두면 제비가 왔다 갔다 하는 모습을 관찰할 수 있었죠. 할아버지한테 제비는 거의 반려동물처럼 느껴졌을 거예요. 그래서 제가 제비를 관찰하고 연구한다고 말씀드리자 처음엔 매우 불편해하셨어요. 제비에게 피해가 갈까 봐 조심스러웠던 것이죠. 특히 알을 관찰하고 어미에게 가락지를 달 수도 있다고 말씀드리자 제비가 놀라서 안 오면 어쩌나 그걸 제일 걱정하셨어요. 저는 제비가 귀소성이 강해서 매년 집으로 잘 찾아오

고, 그동안 관찰한 결과 둥지를 포기하는 제비는 없었다고 말씀드렸어요. 이렇게 잘 설득한 끝에 할아버지는 연구하러 와도 된다고 허락을 해 주셨답니다. 나중에는 제가 가면 박카스를 한 개씩 주시거나 커피를 타서 주시기도 했어요. 밤에 제비 다리에 가락지를 부착할 때면 손전등을 가지고 나와서 비춰 주셨지요. 정말 감사했어요! 이런 식으로 저는 매년 같은 집들을 방문하면서 제비를 관찰하고 연구해요. 제비떡을 돌리는 이유, 이제 알겠죠?

새를 연구할 때 쓰는 가락지

가락지는 새를 연구할 때 쓰는 도구예요. 새의 다리나 목에 알루미늄과 플라스틱으로 제작된 고리를 부착시키면 이동, 행동, 생태를 확인할 수 있어요. 가락지를 부착하기 위해서는 먼저 국립생물자원관의 국가철새연구센터로부터 연구 승인을 받아야 합니다. 승인이 나면 센터에서 제비 다리에 맞는 규격의 가락지를 지급하고, 연구자는 이를 부착한 뒤 결과를 다시 센터에 보고해야 하지요. 새들마다 다리의 길이나 굵기가 달라서 가락지 크기도 다양한데, 우리나라에서 사용하는 가락지는 010에서 150까지 있고 10단위로 커져요. 제비는 다리도 짧고 굵기도 얇은 편이어서 제일 작고 가느다란 010이나 020 크기의 가락지를 부착시켜 준답니다. 가락지는 알루미늄 재질이며, 겉면에는 나라 이름과 우체국 사서함 번호, 가락지의 크기, 고유번호가 적혀 있어요.

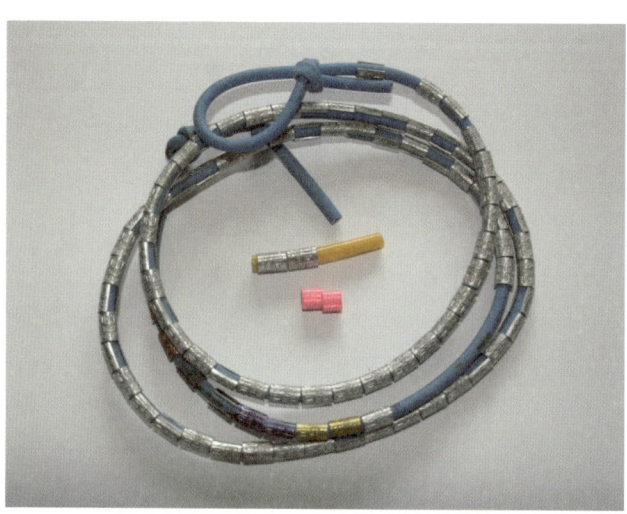

고무로 만든 줄에 여러 개의 가락지가 줄줄이 꿰어져 있어요. 하나씩 빼내어 제비 다리에 부착합니다.

제비가 번식을 시작했어요

4장

제비가 번식을 시작하면 바빠져요. 본격적으로 제비의 생태를 조사해야 하거든요. 제가 어떻게 관찰하고 기록하는지 한번 보세요.

제비는 하루에 한 개씩 총 3~5개의 알을 낳아요. 알을 낳는 타이밍에 맞춰 가는 게 아주 중요한데, 저는 집집마다 최소 세 번에서 다섯 번씩 찾아가서 제비가 낳은 순서대로 알 크기를 측정했어요. 사다리를 타고 올라가 둥지에서 조심스럽게 알을 꺼내어 유성펜으로 번호를 쓰고, 버니어캘리퍼스로 알의 단경(가로 길이), 장경(세로 길이)을 측정하고, 전자 저울에 올려놓고 무게를 쟀답니다. 제비 알은 흰색 바탕에 검정색 또는 암갈색의 점이 콕콕 박혀 있는데, 이 점들은 둥글고 넓은 쪽에 모여 있어요. 크기는 약 1.8~2센티미터로 정말 작고 귀엽죠! 집집마다 알의 모양이나 크기, 점의 색이 모두 달라요! 알을 모두 낳으면 암컷은 알을 품기 시작한답니다.

암컷이 알을 다 낳고 그 집의 알 측정이 끝나면 암컷과 수컷을 포획하여 몸길이를 재야 해요. 사전에 집주인 분에게 밤에 찾아와서 제비 다리에 가락지를 채울 거라고 말씀드리고 해가 진 저녁 8시 이후 해당

제비 둥지마다 알의 모양이나 크기, 점의 색이 모두 달라요(왼쪽). 알 크기를 측정할 때는 버니어캘리퍼스라는 도굴를 사용해요.(오른쪽). 2cm가 안 되는 작은 크기예요.

두루마기 휴지 심지는 제비 몸집에 꼭 맞아서 무게를 잴 때 편리하게 이용할 수 있어요.

    집들을 방문해요. 때로는 암컷이 마지막 알을 모두 낳고, 저도 마지막 알 측정이 끝난 날 밤에 어미들을 측정하거나 가락지를 달기도 해요. 어미들은 새끼들이 둥지를 떠나기 전까지 그 둥지에 머물기 때문에 서두르지 않아도 됩니다.

    제비를 포획하고 가락지를 달기 위해 준비할 것들은 포획망과 천 주머니, 가락지, 플라이어, 가락지 부착 정보 기록지, 손전등, 카메라, 버니어캘리퍼스, 전자 저울, 50센티미터 자, 150밀리미터 자, 두루마리 휴지 심지 등이죠. 플라이어는 알루미늄 가락지를 새의 다리에 끼우고 입구를 봉쇄하기 위해 사용해요. 두루마리 휴지 심지는 제비를 그 안에 머리부터 넣은 다음 무게를 재기 위해 챙겨요. 아는 박사님이 이용하시는 걸 보고 저도 따라 하고 있어요. 제비 몸 크기에 아주 딱 맞거든요.

빠르고 정확하게 측정하여 기록하기

보통 8시쯤, 어두워졌을 때 집에 들어가요. 챙겨 간 손전등을 비추고 집안 곳곳을 살펴 제비가 앉아 있는 곳을 찾아요. 가장 먼저 보는 곳은 둥지입니다. 보통 암컷이 알을 품으면서 둥지 안에서 잠을 자고 있고, 수컷은 둥지 옆 전구, 못과 같은 구조물이 튀어나온 곳 암컷과 멀리 떨어지지 않은 장소에서 잠을 자고 있답니다. 때로는 한 둥지에 암수 두 마리가 한꺼번에 앉아 있기도 해요. 이럴 경우 한 번에 두 마리를 포획할 수 있기 때문에 이득이죠. 하지만 새들은 잠을 잘 때도 중간중간 계속 깨면서 주위를 경계하기 때문에 사람이 다가간 걸 이미 눈치채는 경우가 많아요.

주소	가락지 번호	측정일	측정 시간	암수	몸길이 (mm)	무게 (g)
대골길 ○○	010-04053	5월 20일	22:20	♀	155	17.1
장릉로 ○○	010-04247	5월 20일	22:52	♂	166	15.8
장릉로 ○○	010-04286	6월 13일	22:42	♂	167	16.2
모련안길 ○○	010-04282	6월 13일	20:44	♂	165	15
방촌로 △△	010-04063	6월 14일	21:37	♂	168	15.8
거문이길 △△	010-04287	6월 14일	21:08	♂	169	15.4
갈현로 ○○	010-04289	7월 4일	21:14	♀	166.5	17.3
대골길 △△	010-04049	7월 5일	21:18	♀	167	16.1
연다매길 ○○	010-04287	7월 12일	20:42	♂	171	13.9

현장에서 측정한 정보는 차곡차곡 잘 정리해서 연구에 활용해요.

대부분 포획망을 가까이 가져다 대면 놀란 제비는 포획망 아래쪽으로 톡 하고 떨어진답니다. 그러면 조심스럽게 제비를 꺼내어 꼬리 길이, 몸길이, 날개 편 길이, 부척(정강이뼈와 발가락 사이) 길이, 무게, 날개 길이, 체지방 등을 측정하고 홍채 색도 확인해요. 포획할 때는 제비가 망에 들어갈 수 있도록 포획망 가운데 지점에 대야 하고 제비의 몸이나 꼬리깃 쪽을 건드리면 제비가 위험해질 수 있어서 주의해야 해요. 그리고 제비가 스트레스를 받고 있기 때문에 최대한 신속하게 측정을 하고 날려 주어야 하죠.

측정도 중요하지만 가장 중요한 것은 가락지를 다는 일이에요. 플라이어라는 전용 도구를 사용하여, 제비 다리에 팔찌를 고정시킨다는 생각으로 가락지 입구쪽을 다리에 넣고 고리를 채운 다음 플라이어 홈에

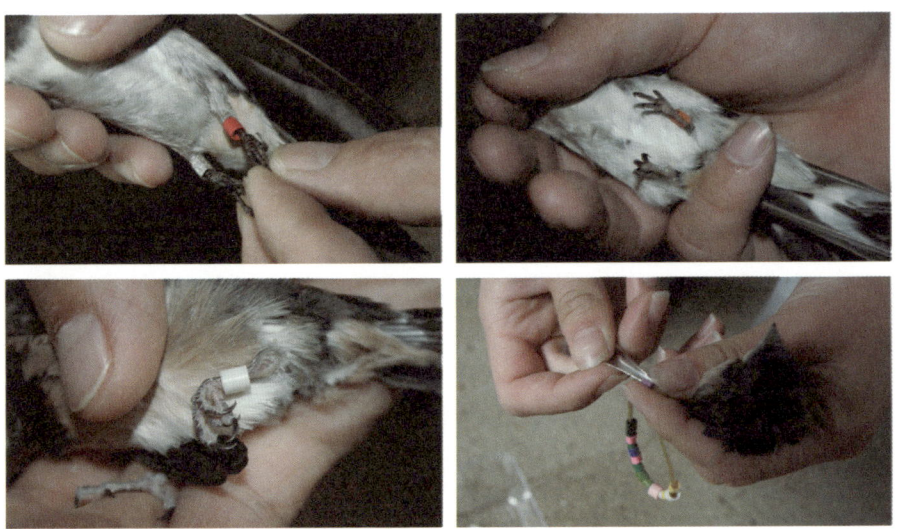

가락지를 부착한 제비는 연구자들에게 여러 가지 생태 정보를 전해 줘요.

맞는 곳에 끼우고 오므려 입구를 봉쇄시켜 줘요. 그리고 가락지 부착 기록지에 가락지 번호와 측정치를 모두 작성하죠.

하루에 암수 두 마리를 포획하지 못하면 다음 날 또다시 방문해요. 절대 혼자 할 수 없어서 엄마와 언니까지 나서 도와주었어요. 포획을 하고 측정을 하면서 기록까지 하기에는 무리가 있어서 한 명은 측정을 하고 다른 한 명은 측정치를 받아 적어야 하거든요.

한번은 제비의 체지방을 재기 위해 배에 바람을 후우 불었던 적이 있어요. 배 근육 끝 쪽의 노랗거나 하얗게 보이는 체지방을 단계별로 나누어 측정을 해야 하는데요, 바람을 후우 불면 깃털 안쪽의 배가 보이고 이때 체지방을 눈으로 확인할 수 있어요. 그런데 바람을 후우 불자 붉은 배가 훤히 드러나는 것이 아니겠어요? 깜짝 놀랐어요! 붉은 살이 드러난 모습이 이상해서 알아보니 알과 새끼를 품는 시기에 어미 새의 속깃털이 모두 빠진다는 거예요. 대체로 암컷만 살이 드러났고 수컷의 깃털은 대부분 그대로 있었어요. 깃털이 모두 빠지면서 알과 새끼를 키우다니, 대단한 모성애가 느껴졌던 순간이었죠. 이렇게 38마리의 어미를 하나하나 측정했어요.

알에서 부화한 새끼도 측정해야 해요. 알에서 부화한 시점부터 5일 단위로 총 네 번 측정했어요. 어미가 13~15일 정도 알을 품으면 부화하거든요. 알 껍질은 보통 둥지 아래로 떨어지기 때문에 새끼가 부화한 것을 알 수 있어요. 부화 초기에는 어미가 새끼도 품어요. 깃털이 없어서 그런 거겠죠? 새끼들은 둥지에서 20일 동안 어미의 먹이를 받아먹고 성장하면 둥지를 떠난답니다! 새끼 다리에도 가락지를 달고, 개체 표식을 위해 부리에 매니큐어로 빨강, 노랑, 초록, 파랑색을 칠하고 측정을 해요. 제비 새끼의 성장은 놀랍도록 빠른데요, 아침에 갔을 때와 저녁에 갔을 때 자라 있는 게 보일 정도예요!

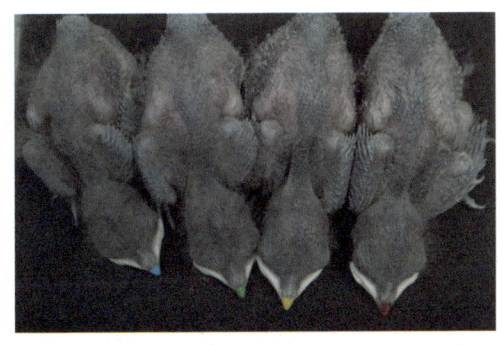
새끼들 부리에 서로 다른 색깔로 표시해서 성장을 기록했어요.

제비와 함께 살며 제비 박사가 된 할아버지

보통 낮에 알이나 새끼를 측정하러 가면 집주인들이 제가 연구하는 과정을 지켜보실 때가 많아요. 연다매마을에 사시는 할머니, 할아버지 댁은 전형적인 시골 농촌의 ㅁ자 집이었어요. 지붕 위가 네모 모양으로 뚫려 있는 집이죠. 제가 중학생 시절부터 제비를 관찰하러 다니던 집인데, 그때는 세 쌍의 제비가 한 집에서 번식을 하고 있었어요. 제비는 보통 한 집에 한 쌍이 번식하는데, 특이한 경우였죠. 세 쌍이니까 총 6마리의 제비가 들락날락했던 거예요.

제가 집에 들어가면 할아버지가 늘 대청마루에 앉아서 저를 맞이해 주셨어요. 제비 한 쌍은 할아버지가 앉아 계신 머리 위, 서까래에 둥지를 짓고 살고 있었지요. 할머니와 할아버지가 매일 드나드는 마루 위에서 번식을 하고 있으니, 할아버지의 첫 번째 아침 일과는 마룻바닥

할아버지는 늘 대청마루에 앉아 제비를 바라보곤 하셨어요.

에 깔린 신문지를 새 신문지로 교체하는 일이었어요. 제비 새끼들이 둥지 아래로 배설을 하기 때문이에요. 제비가 방에 들어와서 사는 셈이지요.

어느 날은 제비 둥지 옆에 걸린 달력이 눈에 띄었어요. 4월 어느 일자에 '암놈 초대'라고 적혀 있는 거예요.

"할아버지, 암놈 초대가 뭐예요?"

할아버지께 여쭤 보자 수컷이 암컷을 초대한 날짜라고 하셨어요.

제가 관찰해 보니 정말 그랬어요. 제비는 수컷이 먼저 번식지로 돌아오고 그 다음에 암컷이 와서 짝을 맺어요. 그리고 함께 둥지 자리를 선택하고 그 자리에 둥지를 지어요. 수컷은 꼬리가 길고, 암컷이 수컷에 비해 꼬리가 짧아요. 그리고 제가 관찰한 내용에 따르면 수컷이 암컷보다 배가 더 하얗고, 멱과 가슴의 색이 더 진하고 붉어요. 암컷은 배가 수컷에 비해 덜 하얗고, 멱과 가슴은 갈색이 도는 붉은색이지요.

할아버지는 수십 년 동안 제비와 동거동락하고 관찰하면서 제비 박

제비의 암컷(왼쪽)보다 수컷(오른쪽)이 꼬리 길이가 길어요.

사님이 다 되셨더라고요. 암컷과 수컷을 구별할 뿐 아니라 암수의 행동 특성까지 파악하고 있었으니까요.

할머니와 할아버지는 제비를 끔찍하게 아꼈어요. 하루는 밤에 방문하여 가락지를 부착해야 했는데, 제비에게 손을 대는 일은 절대 안 된다는 거예요. 저는 제비 다리에 가락지를 달아 내년에 돌아오는지 알아보는 실험이 꼭 필요하다고 간곡하게 설득을 했어요. 다행히 허락을 해 주셨고, 감사하게도 가락지를 달 수 있게 도와주시기도 했어요. 제비가 사람과 함께 살아가는 동물인 만큼, 사람들과 소통하는 일도 연구만큼 중요했어요. 사람과 소통하지 못하면 제비도 연구할 수 없으니까요.

최근에 이 집은 제비가 번식했던 서까래와 대청마루를 없애고, 방과

거실로 이루어진 구조로 바뀌었어요. 서까래가 사라지자 제비는 할아버지와 할머니가 드나드는 문 입구 위에 둥지를 지었어요. 신발 놓는 자리에는 배설물이 떨어지도록 신문지를 놓아 두시고, 불편함을 감수하면서 제비와 함께 살아가고 있지요. 올해도 어김없이 연다매마을의 할머니, 할아버지 댁에는 한 쌍의 제비가 번식하고 있어요.

안타까운 구렁이의 둥지 포식

장릉로에 사시는 민의현 할아버지 집은 지붕이 ㅁ자로 뚫려 있는 농가 주택이었어요. 민의현 할아버지는 돌아가신 저의 증조할아버지와도 인연이 있었고, 집에 증조할아버지께서 쓰신 붓글씨도 걸려 있어서 더욱 특별하게 느껴지는 집이었지요. 할머니가 문을 열어 두면 제비가 집 안으로 들어왔다가 한 바퀴를 돌고 나가곤 했어요.

이 집의 어미 제비는 측정이 끝난 뒤에도 날아가지 않고 손 위에 몇 분이나 앉아 있었어요. 덕분에 제비를 오래오래 관찰할 수 있었지요. 제가 특별한 사람이 된 기분이 들었어요. 제비도 더 친근하고 예쁘게 보였고요!

하루는 할아버지 댁에 제비를 보러 갔는데 빈 둥지만 있었어요. 구렁이 한 마리가 새끼들을 모두 잡아먹어 번식에 실패한 것이죠. 제비의 둥지는 처마 밑이나 기둥처럼 비교적 눈에 띄는 곳에 있기 때문에 종종 뱀이나 다른 새에게 통째로 포식을 당하곤 해요.

할아버지는 구렁이가 미웠던지 배가 빵빵해진 구렁이를 잡아 페트

측정이 끝난 뒤에도 손 위에 머물렀던 제비.

병에 넣어 죽였어요. 저에게도 죽은 구렁이를 보여 주셨죠. 저는 제비를 연구하고 또 사랑하는 사람이지만, 마음이 편치 않았어요. 포식은 생물이 다른 생물을 잡아먹는 생태계의 자연스러운 흐름이니까요.

그런데 어미 제비 몸집과 알 크기의 관계는 어떻게 되었을까요? 나중에 통계 프로그램을 통해 분석을 하자 차이가 없는 것으로 나타났어요. 그러니까 몸길이, 꼬리 길이가 길고 무게가 더 나가는 제비들이 더 큰 알을 낳는 것은 아니었어요. 역시 연구 결과는 예측대로 나오지 않는다는 걸 느낀 순간이었죠. 그렇다고 의미가 전혀 없는 것은 아니었습니다.

그때의 제가 없었다면 지금의 저도 없었겠죠. 정말 열심히, 부지런히 연구를 이어 갔어요. 연구는 실력이나 재능도 중요하지만 꾸준한 노력과 인내심도 꽤 큰 비중을 차지하거든요. 성실한 사람은 배우는 단계에서 쉽게 포기하지 않아요. 최선을 다했던 경험은 앞으로 살아가는 데도 큰 자산이 되지요. 물론 이 모든 것은 제비를 좋아해서 가능한 일이었어요.

5장

제비는 왜 사람 곁에 둥지를 지을까?
제비 번식 둥지 조사

옛이야기 〈흥부전〉에서 흥부가 제비 다리를 치료해 주고 복을 받은 걸 기억하나요? 이렇게 제비는 아주 오래전부터 사람과 함께 살아온 동물이에요. 저의 가장 큰 궁금증은 "제비는 왜 사람이 사는 곳에 둥지를 지을까?"였습니다.

지금까지 여러 해 제비를 연구하면서, 사람이 살지 않는 집에 제비가 둥지를 짓고 새끼를 키우는 건 몇 번 보지 못했어요. 중학생 시절에 한 번 보았는데, 그 집은 사람이 살지는 않지만 가끔씩 찾아오는 집이었어요. 그러니까 폐가는 아니었던 거지요. 제 경험과 연구에 비추면, 제비는 사람이 드나드는 집에만 산다고 볼 수 있습니다.

우리 인간에게도 집이 중요하죠? 집이 있어서 추위와 더위로부터 몸을 보호할 수 있고, 잠을 자거나 밥을 먹고, 휴식을 취하고, 행복한 시간을 보낼 수 있잖아요. 마찬가지로 둥지는 조류의 번식에 매우 중요해요. 알과 새끼를 보호해 주거든요. 따라서 둥지 장소를 선택하는 것은 번식 성공률, 그리고 생존과 직결된답니다.

새들은 둥지를 선택하거나 지을 때 여러 가지를 고려하는데요, 먼저 서식지의 종류가 중요합니다. 산이 있는지, 강이 있는지, 사람이 사는 집이 있는지 또는 농사짓고 있는 땅이 있는지 관찰하지요. 눈에 보이는 이런 풍경은 여러 가지 조건에 영향을 주니까요. 또 기후와 먹이를 구할 수 있는 조건을 고려합니다. 온도와 습도, 바람의 방향에 영향을 미치는 날씨를 따져 보고, 먹이가 많고 새끼들을 키울 수 있는 좋은 환경을 찾지요. 또 새들은 둥지 포식 위험을 고려합니다. 둥지 속의 알이

나 새끼를 잡아먹으려고 호시탐탐 노리는 동물이 주변에 있다면, 아무리 날씨가 좋고 먹이가 많은 곳이라도 소용이 없겠죠. 그런데 제비는 한 가지 더, 바로 사람의 존재를 중요하게 생각하는 것 같습니다.

제비 번식지를 찾아 전국 곳곳으로

저는 제비가 사람이 사는 곳에 둥지를 짓는 이유에 대해 가설을 세웠어요. "사람의 존재가 제비의 둥지 장소 선택에 중요한 요소이다."라고요. 그러니까 고양이나 뱀, 새호리기, 큰부리까마귀 같은 동물에게 잡아먹히는 걸 피하기 위해 사람 가까이에 살 거라고 생각한 거죠. 이런 포식자들은 대부분 사람을 피해 활동하고, 사람이 거주하는 건물 안으로 들어오지 않는다고 연구되었으니까요. 또 한옥의 처마 아래 같은 공간은 비나 뜨거운 햇빛을 피할 수 있는 환경이기도 해요. 사람이 살아가는 공간이니 안락하고 편안한 거죠.

또한 저는 제비가 사람이 살지 않는 집에는 둥지를 짓지 않을 거라고 예측했어요. 사람이 살고 있는 집과 환경이나 구조가 비슷하더라도 제비는 폐가를 선택하지 않을 거라고 생각한 거예요.

자, 이제 제가 세운 가설과 예측이 맞는지 밝혀낼 차례예요. 저는 사람이 살고 있으며 제비가 번식하는 집과 사람이 살지 않고 버려진 집, 즉 폐가의 조건을 비교해 보기로 계획을 세웠어요. 한두 집이나 한 지역만 조사해서는 제 가설을 증명할 수 없으니까, 전국의 제비 번식지와 폐가를 찾아다녀야 했죠.

방치된 지 오래되어 귀신이 나올 것 같은 분위기의 집도 많이 다녔어요. 어두컴컴한 집으로 풀을 헤치면서 들어가면 먼저 있던 고양이가 놀라 도망가곤 했는데, 그 모습에 제가 더 놀랐지요.

먼저 제비가 번식하는 집을 찾고, 그 집으로부터 200미터 반경 안에 있는 모든 폐가를 조사했어요. 제비가 번식하는지 어떻게 아냐고요? 제비 둥지를 먼저 찾아보고, 어미가 알을 품고 있거나 새끼에게 먹이를 가져다주는지 보는 거예요. 또 둥지 아래 바닥에 알 껍질이나 배설물이 있으면 번식 중인 둥지라고 여겼어요.

그리고 한 집에 대해 다섯 가지 정보를 수집했어요. 먼저 사람이 살고 있는지 아닌지를 조사했어요. 그리고 집의 구조를 一자, ㄱ자, ㅁ자, ㄷ자로 나누어 기록했어요. 그다음 번식하고 있는 둥지의 개수,

번식한 흔적이 있는 오래된 둥지의 개수를 세서 기록했어요. 마지막으로 집의 노후 상태, 그러니까 얼마나 낡은 집인지를 기록했어요.

  전국을 돌아다니며 꼼꼼하게 정보를 모으고, 연구실로 돌아오면 수집한 정보를 정리했어요. 주로 엑셀 프로그램으로 정보를 입력하고 난 뒤 다시 통계 프로그램을 이용해서 제가 기록한 정보를 분석했어요. 이 프로그램은 제가 모은 정보가 통계적으로 의미가 있는지, 아닌지 데이터를 검증하고 그 결과를 분석하여 쉽게 이해할 수 있게 표나 그래프로 나타내 줘요.

제비가 사람 곁에 사는 이유

조사한 집은 모두 147개였어요. 이중에 제비가 번식한 집은 40개였지요. 번식 둥지의 95%는 사람이 살고 있는 집에 있었고, 5%의 둥지만이 폐가에 있었습니다. 그런데 제비가 사는 폐가는 사람이 자주 다니는 시장 근처에 있었어요. 그러니까 제비는 사람이 사는 곳에 산다고 말할 수 있죠.

번식 흔적이 있는 오래된 둥지도 폐가보다는 사람이 사는 집에 더

폐가 번호	번식 둥지로부터 거리	집 구조	번식 여부	번식 흔적	파손 정도
1	84미터	ㄱ자	X	없음	1단계
2	166미터	ㅁ자	X	3개	0단계
3	130미터	ㅁ자	X	9개	2단계
4	128미터	ㅁ자	X	3개	0단계
5	17미터	ㅁ자	X	5개	0단계
6	76미터	ㅁ자	X	없음	1단계
7	114미터	ㄱ자	X	3개	0단계
8	131미터	ㄱ자	X	없음	1단계
9	55미터	ㅁ자	X	2개	0단계
10	38미터	ㅁ자	X	7개	2단계
11	83미터	ㅡ자	X	없음	0단계
12	156미터	ㅁ자	X	6개	0단계

폐가의 번식 흔적을 조사한 기록의 일부. 집이 파손된 정도를 0~2단계로 구분했어요.

많았어요. 또 사람이 사는 집은 폐가와 비교하여 낡거나 손상된 정도가 적었어요. 농경지와도 가까운 경우가 더 많았고요. 그러니 제비도 안전하면서도 먹이 구하기 좋은 환경의 집을 선택하겠죠. 그런데 수집한 정보 중에서 딱 하나, 집의 구조는 제비 번식에 눈에 띄는 영향을

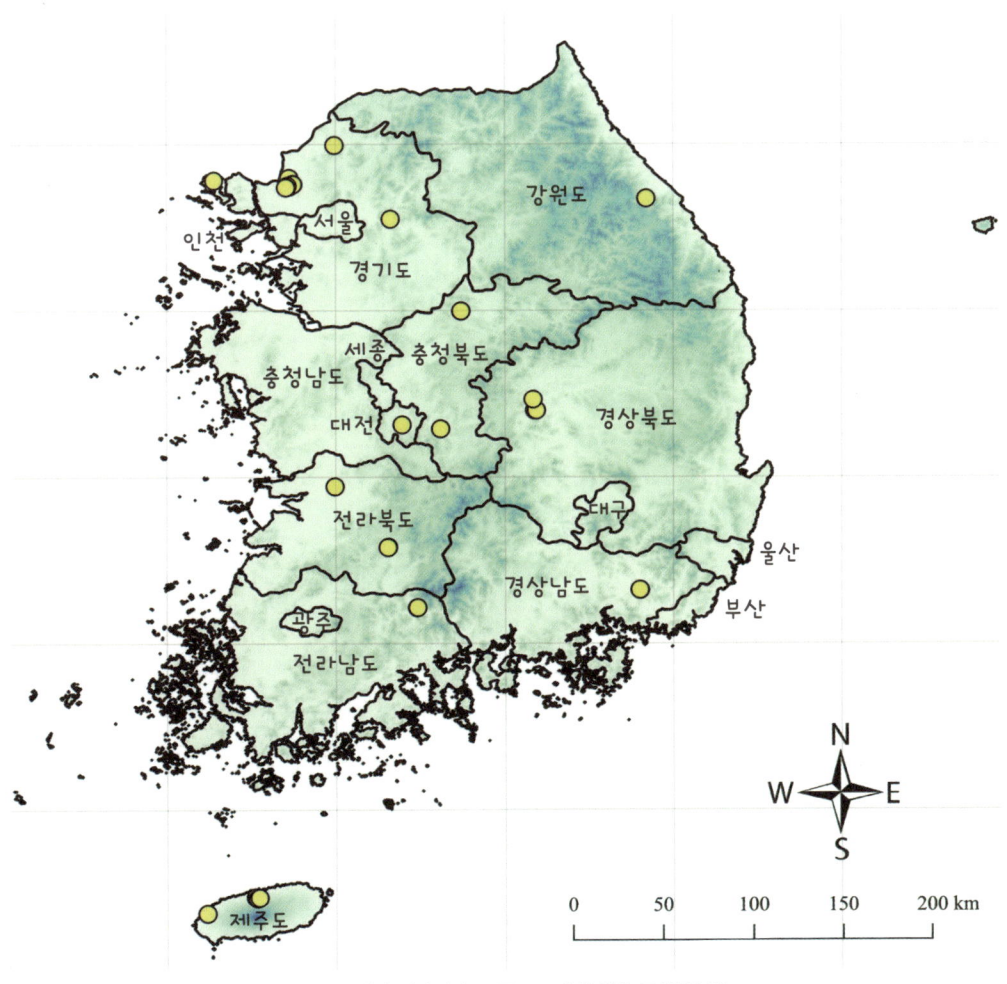

전국 곳곳의 제비가 번식하는 집과 그 주변의 폐가까지, 모두 147개의 집을 조사했어요.

미치지 않았어요.

저는 이 연구를 통해 제비가 사람 가까이에서 살아가는 이유를 이렇게 제안했어요.

첫째, 제비는 한국에서 대부분 단독 생활을 하기 때문이에요. 무리를 이루어 살아가는 동물들은 질병에 노출되거나 다른 새들에게 탁란을 당할 가능성이 높아져요. 탁란이란 다른 새가 와서 알을 낳는 거예요. 엉뚱한 새끼를 기르거나 기껏 만들어 놓은 둥지를 빼앗기는 거죠. 단독 생활은 이런 위험을 피할 수 있지만, 결정적으로 다른 동물에게 잡아먹힐 가능성이 아주 높아요. 단독 생활을 하는 한국 제비들이 포식자를 피하고 번식률을 높이기 위해 사람의 존재를 이용하는 거죠.

둘째, 제비의 둥지가 열려 있는 모양이기 때문이에요. 제비 둥지를 잘 보면 알이나 새끼, 알을 품고 있거나 먹이를 가져다주는 어미가 훤히 보이는 구조로 되어 있어요. 폐쇄적인 구조를 가진 귀제비 둥지와

제비의 둥지(왼쪽)는 열려 있는 모양이에요. 닫힌 모양의 귀제비 둥지(오른쪽)랑 비교되지요.

비교해 보면 얼마나 다른지 알 수 있지요. 귀제비 둥지는 마치 호리병을 천장에 붙인 듯한 모양이거든요. 이런 둥지에서는 탁란을 당하기도 힘들고 포식자에게 잡아먹힐 가능성도 적죠. 제비는 열려 있는 둥지의 위험을 고려해 사람 곁에 머무는 것으로도 볼 수 있어요.

셋째, 사람이 사는 곳은 대체로 먹이의 종류가 풍부하고 양도 많기 때문이에요. 사람이 살고 있는 집이 농경지와 가까운 경우가 많다는 점도 이를 뒷받침하지요. 어느 동물에게나 먹이는 번식과 생존에 아주 중요한 요소니까요.

전구와 전기 차단기 위에 지은 제비 둥지. 사람이 사는 공간을 선택하여 둥지를 지었어요.

　우리 사람의 존재가 제비의 둥지 선택이나 번식 성공에 큰 영향을 미친다니 어깨가 무겁죠? 우리가 자연에 어떤 역할을 해야 할지 곰곰히 생각해 볼 문제예요. 물론 제비가 둥지를 짓는 데 영향을 주는 것은 사람 말고도 많아요. 주변 서식지 환경, 기후, 포식자 등 많은 요소가 있을 거예요. 저의 연구가 나중에 이루어질 다른 연구를 위한 기초 자료가 된다면 정말 기쁠 것 같아요.

　얼마 전 일본에서 흥미로운 논문이 발표되었어요. 코로나19 시기에 사람들이 외출을 거의 하지 않고 집 안에 머무는 시간이 많아지자, 제비가 둥지를 포기하고 떠나는 경우가 많았다는 거예요. 확실히 제비는 둥지 장소를 선택할 때 사람의 존재를 중요하게 고려하나 봐요. 야생 동물이면서도 사람이 사는 집이나 건물을 선택하여 살아가다니 정말 영리하지요?

가설과 예측

가설은 연구를 시작하기 전에 세우는 가정입니다. 과학적 관찰이나 질문에 대한 그럴듯한 설명 또는 해결책이죠. 연구자들은 추정이나 사전 지식을 바탕으로 가설을 내놓습니다. 예를 들어, "제비는 포식자나 악천후를 피하기 위해서 사람이 거주하는 집에 둥지를 짓는다."는 가설이라고 볼 수 있습니다.

예측은 가설과 이용 가능한 정보를 바탕으로 미래에 일어날 것으로 예상되는 구체적인 진술 또는 결과입니다. 예를 들어, "사람이 살지 않는 집에서는 제비 둥지의 수가 크게 줄어들 것이다."는 예측이라고 볼 수 있습니다.

폐가에는 제비가 둥지를 짓지 않을 거라고 예측했어요.

6장

사람이 없는 집은 위험해

제비 포식자 관찰 실험

제비가 번식하는 곳은 사람도 사는 곳이었어요. 제비는 왜 사람이 사는 곳에 둥지를 지을까요? 저는 사람이 사는 곳에는 제비의 포식자가 적고, 사람이 살지 않는 폐가에는 포식자가 많다고 예측했어요. 그래서 제비가 사람 사는 집에 번식한다고 생각한 거죠. 어미 새나 알, 새끼가 포식자에게 포식을 당하는 것은 번식에 실패하는 가장 큰 이유입니다.

포식은 동물의 생존과 번식 성공률을 좌우하기 때문에 진화, 생태적 관점에서 중요합니다. 둥지의 위치, 사람의 활동, 외래종의 유무, 기후변화, 서식지 감소 등에 따라 포식이 많이 또는 적게 일어납니다. 그렇다면 제비의 포식자로는 누가 있을까요? 국가와 지역, 서식지 환경에 따라 다르지만 대표적으로 고양이, 누룩뱀, 구렁이, 새호리기, 큰부리까마귀, 까치, 집쥐 등이 있죠. 이들 중에서 포유류 포식자들은 대부분 후각적인 단서로 먹이를 찾고, 조류 포식자들은 대부분 후각적인 단서와 시각적인 단서를 이용하여 먹이를 찾는다고 알려져 있어요.

해외에 재미있는 포식률 연구 사례가 있어요. 둥지의 위치가 자연

서식지에 있는지, 건물 내부에 있는지에 따라 포식률을 비교한 건데요, 연구 결과 제비를 포함한 조류 11종의 포식률이 자연 서식지에서 23.5%, 건물 내부에서 1.0%였다고 해요. 건물 내부가 포식률이 확실히 낮죠? 그 이유는 포식자가 인간 거주지 안으로 들어오지 않기 때문이었어요.

사람이 사는 집, 살지 않는 집

저도 비슷한 실험을 했어요. 자연 서식지와 건물 내부로 나눈 게 아니라, 인가(사람이 사는 집)와 폐가(사람이 살지 않는 집)로 나누어 제비의 포식률을 비교해 보려고 한 거죠. 2015년, 2016년에 걸쳐서 제가 사는 동네 근처의 6개 마을을 선정하고, 포식자, 즉 제비를 잡아먹는 동물이 인가보다 폐가에 더 자주 나타나는지 실험해 봤답니다.

그동안 둥지 위치와 서식지의 특징, 포식자의 종류를 파악한 실험은 많이 있었지만, 사람의 존재에 따른 포식자의 종류와 개체수, 포식률을 확인한 연구는 거의 없었어요. 집을 실험 장소로 결정하기 전에 제비의 번식 여부와 사람의 거주 여부를 사전에 조사해야 했어요. 그래서 저는 사람이 거주하면서 제비도 번식하는 집(번식 인가), 사람은 거주하지만 제비는 번식했던 흔적이 있는 집(비번식 인가), 사람도 거주하지 않고 제비도 번식하지 않는 집(비번식 폐가)에서 둥지 포식률을 비교 실험했어요.

저는 이렇게 예측했어요. 사람이 사는 인가는 포식률이 낮고, 사람이 살지 않는 폐가는 포식률이 높을 것이다! 둥지에 어미 새 모형, 새끼 새와 알 모형을 놓아 두고 제비 소리도 내어서 포식자에 의해 사라지는지 관찰해 보기로 했어요.

준비물이 많이 필요했어요. 실제 제비의 번식 둥지와 비슷한 조건을 만들어야 포식자들이 다가올 테니까요. 먼저 오래된 실제 제비 둥지를 수집하고, 점토로 제비 알을 실제처럼 만들었어요. 그리고 종이로 만든 어미 제비와 새끼 제비를 준비하고, 새들의 체온을 모방하기 위해 핫팩도 준비했죠. 제비 새끼의 실제 배설물, 수컷 제비의 소리와 새끼들의 먹이 보채는 소리가 녹음된 녹음기, 둥지를 설치하고 다가가기

번식 인가   비번식 인가   비번식 폐가

폐가에서 더 많이 잡아먹히겠지?

포식률 비교 실험을 위해 여러 가지 준비물이 필요했어요.

위한 사다리, 그리고 3대의 카메라가 사용됐지요.

　제비의 번식기인 5월부터 8월까지 낮과 밤 시간에 번식 인가, 비번식 인가, 비번식 폐가에 3대의 트랩 카메라와 실험 장비들을 설치하고 철수하는 일을 반복했어요. 목표는 포식자가 알, 새끼 새, 어미 새를 가지고 사라지는 장면을 포착하는 것이었죠. 움직임을 인식하는 기능이 탑재된 트랩 카메라를 둥지로부터 약 2미터 정도 떨어진 바닥에 설치하여 24시간씩 녹화했어요. 번식 인가에는 실제 제비가 있으니까 카메라만 설치하면 되었고, 비번식 인가와 비번식 폐가에는 수집한 실

카메라에 가장 많이 등장한 것은 고양이였어요.

제 제비 둥지를 부착하고, 준비한 모형 제비와 알, 핫팩, 배설물 등을 설치했어요.

3,096시간의 둥지 포식 비교 실험

모든 실험이 끝나고 24시간 녹화되었던 장면들을 모두 돌려 보았습니다. 과연 어떤 결과가 나왔을까요? 실험 결과 둥지 포식률은 0%였습니다. 포식자가 둥지에 접근하여 포식을 시도하는 모습이나 알이나 새끼 새, 어미 새가 사라진 모습은 포착되지 않았습니다. 그러나 카메라를 설치한 바닥에서는 고양이가 지나가는 모습이 45회나 촬영되었어요.

고양이는 대표적인 포식자로 알려져 있어요. 고양이가 야생에서 잡아먹는 새의 개체수는 어마어마하답니다. 제비 둥지가 높은 곳에 있긴 하지만, 고양이는 지붕이나 담장 위까지 넘어 다니기 때문에 어미 새, 새끼 새 모두에게 위협적일 수 있죠. 실제로 고양이가 제비 둥지를 호시탐탐 노리는 모습을 저도 본 적이 있습니다.

고양이는 번식 인가에 17회, 비번식 인가에 16회, 비번식 폐가에 12회 출현하였습니다. 통계 분석을 한 결과 큰 차이는 아니었어요. 6개 마을을 대상으로 통계 분석을 해도 차이가 없었어요. 설치한 녹음기에서 나오는 어미나 새끼의 소리, 제비 새끼의 실제 배설물 냄새 혹은 실험 도구를 설치하는 저에게 호기심을 갖고 나타났는지도 모르죠.

저는 둥지 포식이 기록되지 않은 이유에 대해서 생각해 보았어요. 첫째, 둥지 포식은 야외에서 관측 자체가 어렵기 때문에 기록되지 않을 가능성이 있어요. 그동안 3년간의 야외 조사에서 포식 장면을 네 번 관찰했어요. 포식자는 까치, 누룩뱀, 구렁이였는데 이들은 모두 둥지 안에 있는 새끼들을 포식했어요. 심지어 까치는 둥지 안에 있는 새끼를 바닥에 떨어뜨리기까지 했어요. 만약 실험 기간이나 설치 장소를 늘린다면 포식 장면을 더 많이 기록할 수 있을 거예요.

둘째, 실험 장소가 자연적인 장소가 아니고 집이었기 때문에 포식자가 접근하지 않았을 가능성이 높아요. 게다가 제비는 포식자와 악천후로부터 보호받기 위해 땅에서 약 2~4미터 높이에 둥지를 지어요. 포

둥지 포식 실험에 종이로 만든 제비 모형을 사용했어요.

식자들의 접근 자체가 어려운 조건이지요.

세번째로 이 실험은 포식자에게 시각, 후각, 청각, 온도 등의 단서를 제공했는데 이러한 것들이 포식자에게 매력적으로 느껴지지 않을 수 있어요. 실제로 포식 연구에서 박제가 사용되기도 하지만 새들은 살아 있는 물체와 인공적인 물체를 구별할 수 있거든요.

마지막으로 실험 횟수와 녹화 장비가 적었던 것도 이유일 수 있어요. 저는 총 3,096시간 동안 38군데 집에서 129회 실험했는데 포식률이 기록되지 않았어요. 더 오랜 시간 실험을 진행하면 포식자와 포식률을 기록할 수 있겠지요.

고양이가 포착되었다는 것은 제비의 잠재적인 포식자로 고양이가 영향을 미칠 수 있음을 나타내요. 즉 고양이의 존재는 제비의 생존, 번식 성공률, 둥지 장소 선택에 잠재적으로 영향을 미칠 수 있는 것이죠.

연구와 발표는 나의 힘

저는 이 실험 결과를 2018년 한국조류학회에서 발표했어요. 학회에서는 다양한 주제로 연구 결과를 정리해서 그 내용을 나누어요. 연구자들을 위한 소통의 장이자, 최신 연구 동향, 후속 연구 과제를 선정하는 곳이죠. 연구 내용을 발표하고 피드백을 받는 일은 어렵기도 했지만 정말 재미있었어요. 발표를 마치고 나왔는데 힘이 불끈불끈 솟았지요. 지금도 그때의 감정을 잊을 수 없어요.

연구는 절대 내 마음대로 되는 게 아니었어요. 결과는 예상과 달랐지만, 저는 최선을 다했기 때문에 이 실험이 후회로 남지 않았어요. 만약 후속 연구를 진행한다면, 제비가 둥지를 지은 장소와 둥지를 짓지 않은 장소에서 사람의 이동 횟수를 비교 측정해 봐도 흥미로울 것 같아요. 사람의 이동 횟수가 적은 집보다 이동 횟수가 많은 집에서 더 많은 제비가 번식할 것으로 예측할 수 있을 거예요.

기장

모두 함께 찾은 제비 서식지
시민 과학으로 완성한 전국 제비 좌표

저는 시민 과학에 큰 관심을 가지고 있어요. 시민 과학은 말 그대로 일반 시민들이 과학에 참여하는 것을 말해요. 과학과 연구에 기여하는 정도에 따라서 몇 가지 방법으로 나뉘는데, 그중에서 과학자나 연구자가 연구를 설계하고 여러 시민들이 함께 데이터를 수집하는 방법이 가장 널리 사용되고 있어요. 온라인 네트워크를 바탕으로 한 디지털 기술이 발전함에 따라 시민 과학도 세계적으로 점점 성장하고 있다고 해요. 연구자에게는 시간과 자원의 제한 없이 빅데이터를 수집할 수 있다는 장점이 있고, 시민들에게는 연구에 참여하며 과학에 대한 이해를 높인다는 장점이 있지요.

저는 대학원 시절 시민 과학 프로젝트를 처음 접했어요. 지도 교수님이 동아사이언스에서 운영하는 지구사랑탐사대의 탐사 대장님이었거든요. 지구사랑탐사대는 우리나라의 대표적인 시민 과학 프로젝트 중 하나예요. 교수님은 오래 전부터 시민 과학자들과 함께 멸종 위기 야생 생물 2급인 수원청개구리를 탐사해 오고 있었어요. 그러다 제가 지구사랑탐사대에 합류하면서 제비 탐사 프로젝트가 시작되었어요. 제비 탐사에서 수집해야 할 데이터는 제가 설정할 수 있었습니다. 전국에 있는 지구사랑탐사대 대원들이 제가 수집하고자 하는 제비 데이터를 모아 주는 셈이었어요. 저는 그걸 분석하여 연구하는 거죠.

전국 곳곳에서 펼쳐진 제비 탐사

본격적으로 데이터가 수집되기에 앞서 시민 과학자들을 만나야 해요. 탐사에 참여할 시민들을 교육하는 일은 반드시 필요하고 중요합니다. 어떤 종류의 데이터를 어떻게 수집해야 하는지, 제비라는 동물은 어떤 동물인지 알아야 하니까요. 저는 우선 제비가 사는 지역을 파악한 뒤, 매년 늦은 봄부터 여름까지 1년에 5회 정도 서울, 강화도, 부산, 대전, 밀양, 퇴촌 등 전국을 다니며 현장 교육을 했어요. 교육을 마치면 시민들과 함께 제비를 관찰했지요. 제비가 살고 있는 지역, 바로 그 마을에서 이루어지는 교육과 탐사는 생동감이 있어요. 제비의 행동과 생태 특징, 번식 둥지를 구별하는 법, 며칠 만에 새끼가 둥지를 떠나는지, 둥지를 발견하면 무엇을 어떻게 기록해야 하는지, 수집한 데이터

전국에서 시민 과학자들과 만나 현장 교육과 탐사를 진행했어요.

를 온라인에 등록하는 법 등을 설명했습니다.

우리가 우르르 몰려다니면 마을 주민들, 근처 상인들이 눈을 동그랗게 뜨고 쳐다봐요. "지금 뭐 하시는 거예요?"라고 묻기도 하죠. 수십 명이 몰려다니면서 사진을 찍고 기록을 하니까 무얼 하는지 궁금할 거예요. 제비 교육을 하는 중이라고 말씀드리면 별걸 다 한다는 표정으로 쳐다보지요. 어떤 분은 제비 둥지가 어디에 있는지 새로운 정보를 주기도 해요.

처음 만나는 시민들과 제비라는 주제로 소통할 수 있다는 게 정말 즐거웠어요. 그 지역에서 어떤 사람과 어떤 제비가 어울려 살아가는지 관찰하는 것도 재미있어요. 저마다 사연이 있거든요.

한번은 밀양의 한 오토바이 가게에 제비가 산다는 정보를 듣고 찾아갔어요. 오토바이를 정비하고 판매하는 매장 안에서 제비가 둥지를 짓고 새끼를 키우고 있었습니다. 제비와 함께 사는 게 불편할 텐데, 그곳 분들은 불편한 기색도 없이 제비들을 배려하며 지내고 있었어요. 제비가 들락날락해야 하니 문을 다 닫지 못하고 조금 열어 두신다고 했어요. 역시 제비가 사는 곳은 인심이 좋은 곳이에요. 바닥에 떨어지는 배설물과 진흙, 지푸라기까지 허용하며 제비와 더불어 살아야 하니까요.

또 한번은 현장 교육을 하러 대전에 있는 버스 터미널에 갔어요. 버스가 터미널을 들락날락하고, 대합실에는 기사들과 탑승객들이 쉴 새 없이 오고 가고 있었어요. 시민들이 온라인에 기록한 데이터를 보고 이곳에 제비가 사는 것을 알았지요. 도심 한복판, 복잡한 버스 터미널에 어떻게 제비가 사냐고요? 제비는 이렇게 터미널이나 휴게소, 관광지의 화장실 입구에 둥지를 짓는 일이 흔해요.

살펴보니 대합실 처마 밑에 제비가 많이 살고 있었어요. 그리고 주변을 더 살펴보니 버스 터미널 뒤에 하천이 있었어요. 먹이 활동을 하고 둥지 재료를 나를 수 있는 환경이었던 거죠. 둥지 안이 어떤 상태인지 보고 싶었는데, 둥지가 제법 높은 곳에 있었어요. 가지고 다니는 카메라봉으로도 닿지 않아 사다리를 찾기 시작했어요. 터미널 안에는 시설 관리와 정비를 하는 곳이 있었고, 저는 민폐를 무릅쓰고 사다리를 빌리러 갔어요. 이번에도 역시 인심 좋게 사다리를 빌려주셨지요. 이

관심을 가지고 살펴보면, 도심 곳곳에도 많은 제비들이 살고 있어요.

렇게 제비가 사람과 함께 살아가는 동물이다 보니, 제비를 연구할 때도 사람과의 소통이 중요합니다.

시민 과학자들이 찾아낸 전국 제비 좌표

꾸준한 교육과 탐사를 거쳐 지구사랑탐사대 대원들이 제비의 출현 정보, 번식 및 비번식 정보와 GPS 좌표, 관찰 시간과 날짜, 환경 조건 및 사진, 동영상 자료를 기록했어요. 그중에서 사용 가능한 1,003개의 데이터를 연구에 활용하였고, 또 다른 시민 과학 플랫폼인 GBIF(Global Biodiversity Information Facility)에서도 4,403개의

GPS 정보를 수집했습니다. 이제 시민 과학 데이터를 바탕으로 제비가 분포한 곳의 서식지 종류를 알아보기로 했습니다.

우선 총 5,406개의 제비 GPS 좌표를 우리나라 지도 위에 표시했어요. 이때 지도는 토지의 이용도에 따라 논, 밭, 산림, 주거지(사람이 사는 곳) 등으로 분류된 지도를 사용했어요. 그리고 데이터가 중복되고

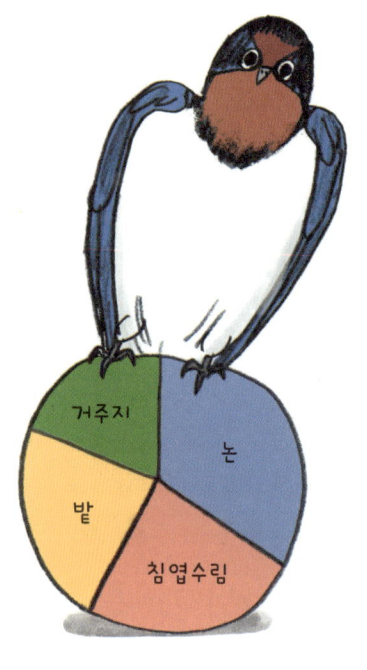

치우치는 것을 막기 위해 1제곱킬로미터 면적 안에 1개의 좌표만 남겼습니다. 그러자 데이터의 수는 1,693개로 줄어들었지요. 전국을 대상으로 1,693개 지점에서 발견된 제비들은 어떤 환경에서 살고 있었을까요?

제비의 출현 좌표 총 1,693개는 우리나라 전역에 골고루 분포하면서도 백두대간 일대의 산간 지역에는 거의 분포하지 않았어요. 여러분도 산속에서는 제비를 본 적이 없을 거예요. 좌표는 논(19.3%), 침엽수림(13.6%), 밭(11.2%), 주거지(10.3%) 순서로 가장 많이 분포하였고, 이들 서식지가 전체의 54.4%를 차지했습니다. 그 밖에도 제비는 해안, 하천, 도심 등에서 나타났어요.

이 연구 결과는 제비가 농경지를 주된 서식지로 이용한다는 앞선 연구 결과와 일치했습니다. 또한 국외 연구에서 제비가 서식하고 번식하는데 논, 산림, 밭이 필요하다는 결과와도 같았지요. 즉 우리나라 전국의 제비 좌표를 통해 알아본 결과 농경지, 하천, 주거지와 같은 서식지가 제비가 살아가는 데 중요한 공간이라고 할 수 있는 거죠. 이렇게 시민 과학자들 덕분에 전국의 제비 서식지 종류를 파악할 수 있었습니다.

제비가 살 곳이 줄어들고 있어요

여러분들이 살고 있는 집 주변에는 어떤 풍경들이 보이나요? 숲? 상가? 하천? 동물들이 살아가는 서식지도 생존과 번식을 위해 매우 중요합니다. 특히 번식 장소에서 기후와 서식지의 종류(하천, 농경지, 숲 등)는 국경을 넘나드는 조류들에게 매우 중요하지요. 그런데 안타깝게도 최근 농업 방법의 변화와 농경지 감소로 북미, 유럽, 아시아에서 조류 및 무척추 동물을 포함한 많은 생물의 다양성이 감소했다고 알려져 있습니다. 무척추 동물의 감소는 유럽자고새(*Perdix perdix*)를 포함한 몇

제비와 같은 조류는 농경지에서 먹이와 물, 둥지를 짓는 데 필요한 재료를 얻어요.

몇 조류 종의 감소로 이어졌습니다. 이에 더하여 과도한 살충제 사용은 노랑멧새(*Emberiza citronella*)를 비롯하여 제비목, 칼새목 등의 조류 번식 성공률에도 부정적인 영향을 주었죠. 제비도 1980년대부터 캐나다와 북미에서 서식지 및 먹이 감소, 기후 변화, 포식 등의 이유로 개체수가 급격히 감소했답니다. 한국도 마찬가지로 제비의 개체수가 많이 줄었습니다.

지난 50년간 전 세계 야생동물 개체군이 73%나 감소했어요. 멸종 위기에 처한 동물도 매년 증가하고 있습니다. 인간의 활동으로 동물의 서식지가 사라지는 것이 가장 큰 원인입니다. 그러니 우리가 제비를 보호하고 서식지를 보전하는 일은 무엇보다 시급하고 중요합니다. 하나의 생물종이 사라지지 않도록 지키는 것은 경제적인 가치로 환산될 수 없는 가치가 있으니까요.

8장

따릉이 타고 제비 찾기

서울시 제비 분포 조사

서울에서 제비를 본 적 있나요? 대도시 서울에도 과연 제비가 살고 있을까요? 서울시 공공자전거 따릉이를 타고 서울시 구석구석을 누비며 제비를 찾아다녔던 이야기를 들려줄게요.

도시에도 많은 새들이 살고 있어요. 집비둘기, 참새, 직박구리 등 도시화의 정도나 환경적인 특징에 따라 새들의 종류와 숫자가 달라지지요. 특히 도시의 녹지는 조류의 종 다양성 및 개체수에 영향을 미칩니다. 녹지가 야생동물의 중요한 서식지 역할을 하면서 생물 다양성을 보호하고 있지요. 그러나 도시에서는 자연적인 경관이 점점 줄어들고, 사람이 만든 인공적인 경관이 늘어나고 있어요. 당연히 동물들의 서식지와 생물 다양성은 줄어들겠지요.

한번 상상해 보세요. 만약 여러분이 살고 있는 지역에 숲이 있었는데, 갑자기 숲이 사라지고 커다란 빌딩들이 들어섰다고요. 숲이 사라져 서운하기고 하고, 숲을 질러 가던 길도 빌딩을 빙 돌아가야 하는 불편함이 생기겠죠. 그런데 숲에서 살며 번식하던 동물들에게는 단순히 서운하거나 불편한 문제가 아니라 훨씬 더 심각하고 복잡한 일이 일어나요. 그들은 더 이상 그곳에서 살아갈 수 없어요. 혹은 서식지 가장자리로 밀려나게 되는데, 가장자리는 외래종이나 포식자들에게 유리한 장소이므로 좋은 서식지라고 할 수 없지요.

독특하게도 제비는 시골과 도시 환경에서 모두 살아갈 수 있습니다. 단, 서식지 주변에 반드시 하천이나 숲처럼 먹이를 구할 수 있는 곳이 있어야 하죠. 제비는 대부분 농경지와 강, 습지를 따라서 번식하고 등지는 사람이 살거나 사람이 자주 지나가는 건물, 또는 다리와 같은 인공 구조물에 만듭니다. 따라서 번식기에 곤충류와 같은 먹이 자원을 공급하고 진흙, 지푸라기, 마른풀, 깃털 등의 둥지 재료를 조달하기 위해서 녹지, 하천과 같은 환경이 필요합니다.

  서울시는 한강이 동쪽에서 서쪽으로 흐르며 남북을 가르고, 녹지와 개활지(탁 트인 땅)가 넓게 분포합니다. 그리고 수백 개의 지류가 있어 물과 수변을 이용하는 조류가 많이 서식해요. 중랑천에 사는 원앙, 강서습지생태공원에 찾아오는 칡부엉이 이야기를 들어보셨나요? 밤섬에 사는 가마우지는요?

서울에 있는 한강과 수백 개의 강줄기는 새들의 서식지가 되어 주고 있어요.

서울시는 2000년도에 점차 사라져 가고 있는 야생 생물 중에서 학술적, 생태적으로 보전 가치가 높은 생물을 '보호야생생물'로 지정하였는데, 제비도 여기에 포함됩니다.

　저는 서울시에 서식하는 제비의 분포 자료를 수집하기로 하고 조사를 시작했어요. 사전에 알고 있던 서울의 제비 서식지는 합정, 동빙고, 서빙고동, 염리동, 그리고 강동구였어요. 조사를 위해 두 가지 방법을 사용했는데, '공간균형표집'이라고 부르는 158개 지점 방문 조사와 시민 과학 데이터였어요. 제일 처음에 한 일은 서울시 지도에 점을 찍는 것이었어요. 총 158개의 점을 찍고 그 지점에 직접 방문해서 제비가

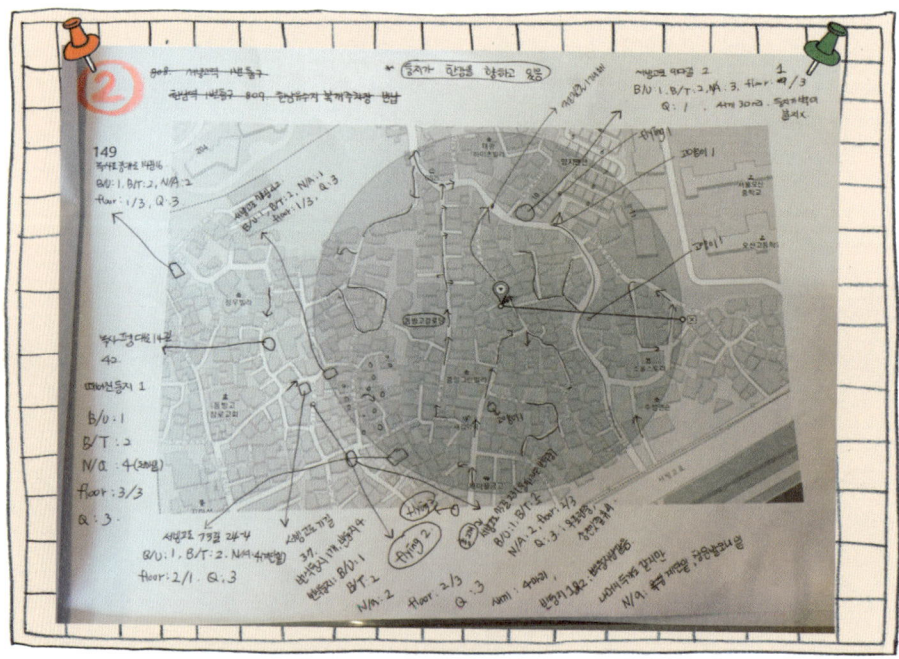

서울시 지도에 158개의 점을 찍고 반경 200미터를 조사했어요.

살고 있는지 확인하고 서식지 종류를 파악한 다음 기록했지요. 연구실에 돌아와서는 기록한 자료들을 분석하는 일을 반복했어요.

2017년 4월부터 8월까지 저와 세 명의 인턴 연구원이 서울시를 네 개의 구역으로 나누고 총 158개의 좌표를 방문하여 1시간 간격으로 200미터 반경의 장소로부터 제비의 출현 및 비출현, 번식 둥지 및 비번식 둥지를 조사했습니다. 그리고 번식 둥지가 발견되면 여러 가지 항목을 추가적으로 기록했어요.

이때 저는 서울시의 공공 자전거 따릉이를 이용했어요. 자전거에 휴대폰 거치대를 매달아 네비게이션을 켜고 조사 지점의 GPS 좌표를 찾아갔어요. 대부분이 한 번도 가 본 적 없는 곳이었어요. 중간에 길이 막혀 되돌아 나오기도 여러 번. 어떤 좌표는 제비가 도저히 살 것 같지 않은 도로 위였어요. 다행히 서울시 여러 곳에 따릉이 대여소가 있어서, 조사 지점 근처에서 대여하고 반납하기를 수도 없이 반복했지요.

다녀 보니 제비가 살 것 같지 않은 환경이 더 많았습니다. 제비를 한 번도 못 만나는 날에는 기운이 쭉 빠졌지요. 그러다 한번은 무더위와 싸우며 좌표 지점에 도착해 자전거

따릉이가 없었다면 제비 찾기가 더 어려웠을 거예요.

85

를 세우고 보니 구로시장 근처였어요. 역시 처음 가 본 곳이었습니다. 그런데 시장 입구 상가 건물에 제비 둥지가 있었고, 둥지 안에 제비가 딱 있는 게 아니겠어요? 이때의 짜릿함이란! 고생한 보람이 있구나 싶었습니다. 서울시에도 제비가, 그것도 시장 입구에서 살아가고 있다니 신기했죠. 그 뒤로도 시장에서 둥지를 틀고 사는 제비를 종종 만났습니다. 사람도 북적이고, 처마가 많아서일까요? 제비가 시장을 좋아하는 것 같아요.

연구 결과, 서울시 158개의 지점 중 6곳에서 제비가 발견되었고, 나머지 152개에서는 발견되지 않았어요. 6개는 각각 강동구 2개, 구로구, 용산구, 서대문구, 마포구에 각각 1개씩이었어요. 서울시 25개 구 가운데 5개 구에 분포했으니 20%의 확률로 분포한 것이죠. 제비가 발견된 6개 지점에서는 총 26개의 번식 둥지를 기록했습니다. 그리고 34개의 빈 둥지, 31개의 손상된 둥지도 발견되었죠. 제비가 출현한 장소로는 주택지가 38.4%로 가장 높게 나타났고, 비출현 장소에서도 주택지가 27.3%로 가장 높게 나타났습니다.

제비가 관찰된 6개 지점과 시민 과학으로 수집된 128개의 좌표, 그리고 비출현 좌표 152개의 서식지 종류를 비교하였습니다. 서식지 이용은 주택지가 38.4%로 가장 높았고, 녹지 및 개활지가 그 다음으로 13.8%였습니다. 제비의 번식 둥지는 대부분 인간 거주지의 인공 구조물에 있었고 하천이나 녹지에서 멀지 않았어요. 서울시에 서식하는 제비가 인간 거주지에 번식하면서 먹이와 둥지 재료를 위해 하천과 녹지

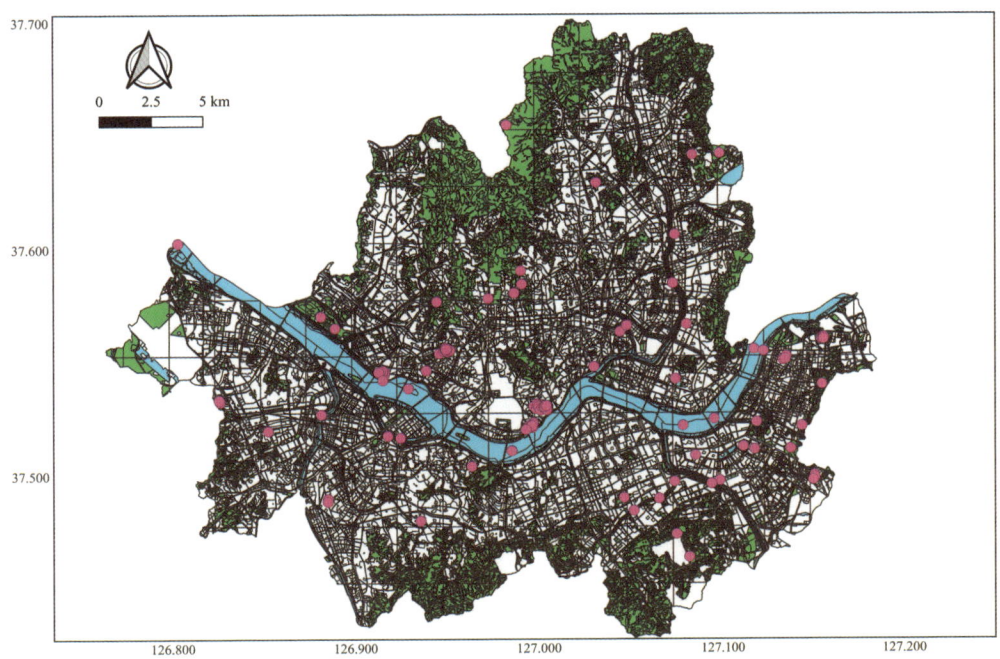

서울에서 제비가 관찰된 161개 지점을 표시한 좌표. 파랑색을 띠는 곳은 강이나 하천, 습지이며 초록색은 숲, 녹지예요.

를 이용한다는 걸 알 수 있습니다.

　서울시는 한국에서 가장 큰 도시이자 세계에서 인구 밀도가 가장 높은 도시 중 한 곳입니다. 그럼에도 불구하고 남쪽과 북쪽으로 산림이 많고, 동쪽과 서쪽의 한강을 중심으로 지류가 많이 형성되어 있기 때문에 이곳이 제비가 번식기에 먹이를 찾거나 둥지 재료를 조달하는 중요한 장소일 거예요. 실제로 한강에 가면 종종 제비를 만날 수 있지요.

　서울에서 제비가 사라지지 않고 오래 살아가게 하려면 어떻게 해야할까요? 녹지나 하천 같은 경관을 보전한다면 제비가 계속 서식할 수 있을 거예요. 처마가 있는 주택지를 보존하는 정책도 필요해요. 재개

발로 오래된 집들이 사라지면서 제비도 번식 장소를 잃어 가고 있으니까요. 또한 서울시에 사는 시민들이 제비의 생태를 이해할 수 있는 교육과 정책도 필요하지요. 시민 과학 프로그램을 활성화시켜 시민들이 제비 모니터링에 참여하는 기회를 많이 만들면 좋겠어요.

한 번도 가 보지 못한 곳을 자전거 네비게이션에 의지해 찾아가 조사한다는 게 쉬운 일이 아니었어요. 막연하고 두렵기도 했지요. 지금 생각해 보면 큰 도전이었던 것 같아요. 그런데 조사를 계속할수록 모험심도 생기고 용기가 생기더라고요! 그리고 제비가 선택하여 살아가는 장소가 사람에게도 필요한 곳이라는 걸 깨달았어요. 우리가 잊고 있었던 오래된 동네, 물이 흐르고 나무가 자라는 곳이 제비에게만 필요한 것은 아니겠지요.

합정에서 만난 반가운 제비.

9장

기후 변화로 사라지는 제비들

지구의 많은 생물종이 멸종되거나 멸종 위기에 처했어요. 이렇게 생물 다양성이 줄어드는 현상은 생태계의 균형을 위협하고 인간의 삶도 위협하는 심각한 문제예요. 원인으로는 서식지 파괴와 단편화(서식지가 여러 조각으로 나뉘어 단절되는 현상), 지나친 어업 활동, 기후 변화, 질병 등이 꼽히고 있습니다. 앞으로 다가올 여섯 번째 대멸종의 원인을 사람의 활동으로 예측할 만큼, 사람이 생물 다양성 감소와 대멸종의 주요 원인이라는 주장이 많아요.

그런데 생각해 보세요. 제비에게 없어서는 안 되는 중요한 존재가 바로 사람이잖아요. 그럼 반대로 사람도 제비 없이 살 수 없을 거예요. 앞에서 보았듯이 제비와 사람은 살아가는 환경이 비슷하거든요. 조류

를 포함한 동식물들은 지구 생태계의 구성원이면서 생태계 변화의 질을 측정할 수 있는 지표라고 할 수 있어요. 그러니까 조류를 보호하고 서식지를 관리하는 것이 건강한 환경을 지켜 나가는 기본이라고 할 수 있어요.

생물 다양성을 위협하는 기후 변화

생물 다양성을 감소시키는 원인 중에서 기후 변화에 대해서 알아볼게요. 기후의 평균 상태의 변동이 장기간 지속되면서 통계적으로 의미 있는 변화를 보이는 것을 기후 변화라고 해요. 지구의 연간 기온은 18세기와 21세기 사이에 0.6~0.85°C 증가했고, 앞으로 계속 증가할 가능성이 높아요. 우리가 살고 있는 한반도는 어떨까요? 평균 기온은 지난 100년간 1.7°C 상승했고, 1997년부터 2014년까지 18년간 연평균 기온은 1.2°C나 상승했다고 해요.

그렇다면 기후 변화는 동식물들에게 어떤 영향을 줄까요? 동물과 식물 종의 다양성에 큰 영향을 주어 생태계를 변화시킬 수 있습니다. 동물, 식물들이 서식하고 있는 환경이 변화하면 서식 가능한 다른 장소로 옮겨가겠지요. 결과적으로 서식 가능한 분포 범위가 줄어들게 됩니다. 반대로 변화하는 기후로 서식 가능한 범위가 확대되기도 하겠죠. 이미 많은 생물종이 기후 변화로 인해 큰 변화를 보이기 시작했고, 앞으로도 영향을 받을 가능성이 높아요.

기후 변화는 사람에게도 영향을 줍니다. 가뭄, 홍수와 같은 재난과

멸종 위기에 처한 우리나라의 새들

개체수가 급격히 감소하거나 소수만 남은 종을 멸종 위기종이라고 합니다. 우리나라에서는 개체수가 현저히 감소하여 가까운 미래에 멸종될 위험이 큰 종을 1급, 개체수가 줄어들고 있으며 현재 위협 요인이 완화되지 않으면 멸종될 가능성이 있는 종을 2급으로 지정하여 보호하고 있습니다.

검독수리(1급)
몸길이 약 66~90cm.
서식지 감소 및 단절,
인간의 간섭, 번식률 저하,
이동 경로 위협 등으로
멸종 위기에 처했어요.

넓적부리도요(2급)
몸길이 약 14~16cm. 서식지 파괴, 먹이 자원 감소,
극히 적은 번식지와 낮은 번식률, 이동 경로 상의 위협
등의 이유로 멸종 위기에 처했어요.

두루미(2급)
몸길이 약 130~150cm.
서식지 파괴, 먹이 부족,
이동 경로 및 번식지 위협, 소음,
인간의 간섭, 낮은 번식률, 불법 포획,
밀렵 등의 이유로 멸종 위기에 처했어요.

황새(1급)
몸길이 약 112cm.
서식지의 소멸, 농업 환경 변화,
과거의 밀렵과 남획, 극소수 개체군,
낮은 번식률, 인간의 활동 등으로
멸종 위기에 처했어요.

청다리도요사촌(1급)
몸길이 약 29~34cm.
서식지 파괴로 인한 먹이 부족, 밀렵,
불법 포획, 낮은 번식 성공률,
이동 경로의 단절 등의 이유로
멸종 위기에 처했어요.

매(1급)
몸길이 약 34~58cm.
농약으로 인한 번식 실패,
밀렵과 불법 포획,
서식지 파괴와 교란,
개체수 감소, 유전적 취약성,
농약 2차 중독 등의 이유로
멸종 위기에 처했어요.

저어새(1급)
몸길이 약 60~78.5cm.
서식지 파괴, 수질 오염과
먹이 감소, 번식지 제한과
둥지 훼손, 밀렵, 포획,
이동 경로 위협 등의 이유로
멸종 위기에 처했어요.

노랑부리백로(1급)
몸길이 약 65cm.
갯벌과 해안 습지의 감소,
이동 경로 위협, 기후 변화와
태풍 같은 자연재해 등의 이유로
멸종 위기에 처했어요.

흑고니(2급)
몸길이 약 140~160cm.
서식지 피괴 및 수질 악화,
인간 활동에 의한 교란,
조류 인플루엔자 감염,
기후 변화로 인한
월동지 변화 등의 이유로
멸종 위기에 처했어요.

크낙새(1급)
몸길이 약 46cm.
서식지 파괴,
인간의 활동과 간섭,
낮은 번식률 등의
이유로 멸종 위기에
처했어요.

감염병까지…… 그 피해는 상상할 수 없을 정도예요. 해수면 온도의 상승이나, 잦은 폭우로 인한 피해도 더 커질 거예요.

조류는 어떨까요? 조류는 육상 척추동물 중에서 종 다양성이 높고, 기후의 영향을 크게 받습니다. 특히 지역의 날씨와 기후는 계절에 따라 이동을 하는 철새들에게 매우 중요하지요. 이동 시기를 결정할 뿐만 아니라 먹이와 같은 생존 문제와 직접적으로 연결돼 있으니까요. 큰 폭으로 변화하는 날씨는 먹이의 감소, 추운 기온, 폭우 등을 불러와 철새들이 대량으로 죽음에 이르기도 해요. 기온이 높아지면서 서식 가능한 분포 범위가 남에서 북으로 확장되는 사례도 있고요. 철새들의 이동 경로가 바뀌거나 인간에 의해 서식지가 변화하는 문제는 철새의 개체수를 감소시키는 가장 큰 원인이에요.

기후 조건의 영향을 많이 받는 제비

유럽의 제비들은 1900년대 중반부터 후반까지 계절적 기후 변화에 반응하여 월동지에서 번식지로 돌아오는 시기가 바뀌고, 털갈이 시기도 앞당겨지는 현상을 나타냈습니다. 제비가 기후 변화의 영향을 직접적으로 받는다는 걸 알 수 있지요.

또 아프리카에 서식하는 푸른제비(*Hirundo atrocaerule*)는 현재 세계자연보전연맹(IUCN) 적색 목록(멸종 위기에 처한 동식물 보고서)에서 '취약' 등급으로 분류되었어요. 전 세계 세계에서 1,000~2,499마리밖에 남지 않아 멸종 위험이 높은 종이죠. 연구에 따르면 기후 변화가 푸

탄자니아에서 관찰된 푸른제비. 긴 꼬리가 아름다운 푸른제비는 멸종 위기종이에요.

른제비의 서식지 분포에 부정적인 영향을 미치고 있고, 지금보다 온도가 상승하면 서식하기에 부적합한 지역이 급증할 것이라고 합니다.

우리나라 환경부에서도 제비를 기후 변화에 민감하게 반응하는 종으로 보고 기후 변화 생물 지표종으로 지정했어요. 제비처럼 철새이면서 곤충에 전적으로 의존하는 종들에게 기후 조건은 생존과 번식에 아주 중요해요. 게다가 제비는 농경지와 농가 주택의 개발 및 생태계 파괴에 영향을 크게 받아, 개체수가 점점 감소하고 있지요. 따라서 미래의 기후 변화나 사회 발전에 따른 변화들을 적용하였을 때 제비가 서식하기에 적합한 분포를 예측하는 연구가 필요합니다.

2050년과 2090년에 제비 서식지는?

저는 기후 변화와 사회의 발전 정도가 제비에게 어떤 영향을 주는지 알아보기로 했어요. 이 연구의 목표는 우리나라의 모든 범위에서 제비가 살기 적합한 서식지를 찾고, 가까운 미래인 2050년, 그리고 좀 더 먼 미래인 2090년에 제비의 서식지 범위가 어떻게 될지 예측하는 것이었어요.

먼저, 현재 제비가 서식 가능한 총면적은 77,145.2제곱킬로미터였는데, 이것은 우리나라 영토의 약 77%에 해당하는 면적이에요. 동해, 서해, 남해 해안가 지역과 한강과 낙동강 등 주요 하천 지역이 제비가 살기 좋은 곳으로 나타났고, 특히 제주도가 가장 높은 적합도를 보였습니다. 반면 백두대간 산맥 등의 높은 산들은 제비가 살기 적합하지 않은 것으로 나타났지요.

미래를 예측할 때는 세계기후연구프로그램(WCRP)에서 제공하는 두 가지 시나리오를 적용했어요. 첫 번째는 지구 기온이 2100년까지 2.7도 상승한다는 시나리오예요. 기후 변화가 상대적으로 급격하지 않고, 사회 발전이 중간 정도로 이루어진다고 전망한 미래지요. 두 번째는 지구 기온이 2100년까지 4.4도 상승한다는 최악의 시나리오예요. 산업이 빠르게 발전하면서 석탄, 석유 같은 화석연료를 여전히 많이 사용하고 도시의 무분별한 개발이 확대될 거라고 전망한 미래입니다. 현재 서식지 적합도에서 제비에게 가장 중요한 환경 요인은 농경지, 가장 추운 분기의 강수량, 물로 예측되었습니다. 결과는 어땠을까요?

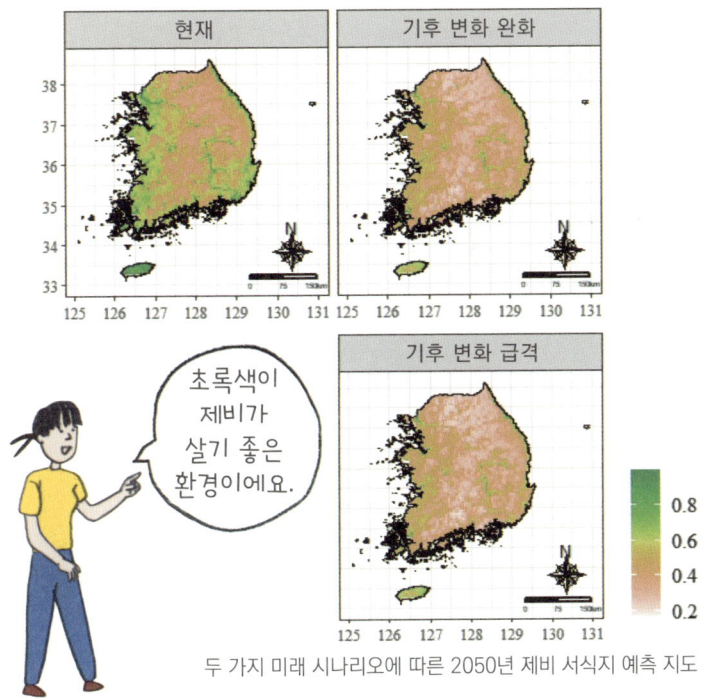

두 가지 미래 시나리오에 따른 2050년 제비 서식지 예측 지도

 2050년, 2090년의 모든 시나리오에서 제비 서식지가 줄어드는 것으로 예측되었습니다. 위의 지도를 보면 초록색으로 표시된 곳이 제비가 살기 적합한 곳이에요. 붉은색과 분홍색을 띨수록 제비가 살 수 없는 환경이고요. 현재와 비교해 보면 제비가 살며 번식할 수 있는 분포 범위가 눈에 띄게 줄어든 것을 알 수 있지요.

 2050년에는 주로 한반도의 남동부와 중서부를 중심으로 감소했고, 한강과 해안선을 경계로 한 지역 대부분의 서식지 적합도가 낮아졌습니다. 제주도의 서식지도 많이 줄었지만, 그래도 미래에 제비가 살 만한 환경은 제주도에 많이 남을 것으로 예측됩니다.

 2090년의 예측은 더욱 심각했어요. 첫 번째 시나리오에서는 서식지

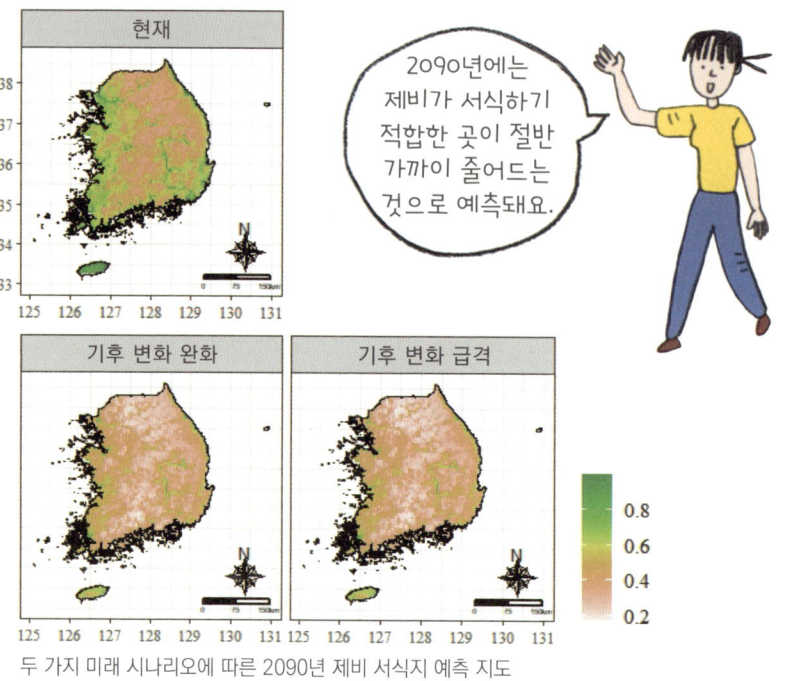
두 가지 미래 시나리오에 따른 2090년 제비 서식지 예측 지도

가 42.5% 감소하는 것으로 나타났어요.

두 번째 시나리오에서는 47.4% 감소하는 결과를 보였어요. 이처럼 미래 기후 변화 시나리오에서 제비가 서식하기에 적합한 장소가 현재의 절반 가까이로 줄어드는 것으로 보입니다.

제비의 서식지를 지키려면?

물론 미래는 불확실하고, 예측은 예측일 뿐일지도 몰라요. 하지만 기후 변화가 제비의 서식지에 미치는 영향에 대해서 정보를 수집하는 것은 중요합니다. 제비의 서식지를 지키기 위해서 연구자들이 꼭 해야 할 일이죠.

　만약 기후 변화로 인한 이상 현상이 두드러지거나 자연이 훼손되고 있는 지역이 있다면 서식지가 사라질 위험 신호로 보고, 제비의 개체 수를 주기적으로 조사하고 보존할 방법을 적극적으로 찾아야 합니다.

　기후 변화가 급격하지 않고 자연환경이 지속될 가능성이 높은 지역이라면, 제비 서식지에 관심을 갖는 최소한의 노력이 필요합니다. 산림과 농경지, 하천이 사라지지 않도록 하고, 처마가 있는 건물이 보존되도록 해야 합니다.

기후 변화 생물 지표종

기후 변화 생물 지표종은 기후 변화의 영향을 파악하기 위해 우리나라 환경부에서 지정한 생물들을 말합니다. 기후 변화에 취약하여 조건에 따라 개체수, 분포, 생태적 특성이 민감하게 반응합니다. 따라서 한반도 생물 다양성의 변화를 연구하는 데 효과적으로 활용할 수 있습니다. 2010년에 처음 100종의 생물을 지정했고, 기후 변화에 따른 생물종의 변화를 반영하여 새로 추가하거나 제외하기도 합니다. 척추동물, 무척추동물, 식물, 균류, 해조류 등이 포함되어 있습니다.

다정큼나무

산왕거미

계곡산개구리

쇠백로

10장

제비와 오래오래 함께 사는 법

현재 제비의 개체수는 전세계적으로 약 2억 9,000만에서 4억 8,700만 마리로 추정되며, 지속적인 감소 추세를 보이고 있습니다. 제비는 1980년대 이후로 캐나다와 북미에서는 77%나 감소하였다고 알려져 있습니다. 서식지 감소와 비료, 살충제 사용으로 인한 먹이의 감소, 기후 변화, 포식, 경쟁 등이 이유로 꼽히고 있어요. 앞으로는 점점 제비가 서식하기에 좋지 않은 환경이 될 거예요. 제가 분석한 연구에서도 2090년 우리나라에서 제비가 서식 가능한 곳은 약 50% 정도 줄어든다고 예측되었으니까요.

문제는 제비가 사라지는 데서 그치지 않습니다. 제비가 서식하기 어려운 환경이라면 사람도 살아가기 어려운 환경일 테니까요. 그럼 제비가 사라지는 것을 막기 위해 우리는 어떤 일을 할 수 있을까요?

우리 손으로 제비를 지켜요

우리가 제비와 함께 살아가기 위해 실천해야 할 다섯 가지 방법을 소개할게요.

첫째, 가장 먼저 할 일은 관심을 가지고 우리 주변의 제비 둥지를 보호하는 거예요. 나아가 제비의 번식을 적극적으로 도와야 해요. 제비가 둥지를 지을 때면 바닥에 진흙과 풀이 떨어지고 배설물이 쌓이죠. 이런 불편 때문에 둥지를 치워 버리는 안타까운 모습을 종종 보았어요. 적절한 장소에 미리 인공 둥지를 설치해 주거나, 제비가 둥지를 지은 곳 아래 배설물 받침대를 설치하는 것도 좋은 방법이에요.

제비가 천막 구조물 위에 둥지를 지었어요(왼쪽). 제비 둥지 아래 배설물 받침대를 설치하는 지혜가 필요해요(오른쪽).

요즘 처마가 있는 집이 점점 사라지면서 제비가 상가의 천막에 둥지를 짓는 경우가 많아졌어요. 상점에서 햇빛을 가리기 위해 설치하는 천막 지붕의 철 구조물에 주로 둥지를 지어요. 그런데 천막을 접고 펼 때 철근이 움직이면 둥지는 망가지고 알이나 새끼가 다칠 거예요. 만약 천막 구조물에 제비 둥지가 생겼다면, 번식 기간인 4월 말에서 8월 초까지는 되도록 천막을 움직이지 않는 것이 좋아요.

둘째, 제비 관찰 활동에 참여해 보세요. 제비 보호를 위해 시민들이 함께 참여하는 모니터링이나 시민 과학 프로젝트가 있어요. 제비가 언제 나타나는지, 어디에 둥지를 짓는지, 알은 몇 개나 낳았는지, 새끼가 무사히 자라는지 같은 내용을 꾸준히 기록하면, 제비의 생태를 연구하고 보호하는 데 큰 도움이 돼요. 같은 장소에서 해마다 제비를 관찰하

논에서 둥지 재료를 모으고 있는 제비

면, 기후 변화나 환경 변화에 따른 영향을 더 잘 파악할 수 있어요. 이런 활동을 하다 보면 제비가 점점 더 소중하게 느껴질 거예요.

셋째, 농사를 친환경적인 방법으로 지어야 해요. 제비는 주로 날아다니는 곤충을 잡아먹어요. 나비목, 파리목, 잠자리목, 벌목 등에 속하는 곤충이 제비들의 주요 먹이지요. 이 곤충들은 논과 밭, 하천 주변에서 많이 살아요. 그런데 농사를 지을 때 비료나 살충제를 많이 사용하면 곤충 수가 줄고, 제비는 먹이를 구하지 못해 번식에 실패할 수 있어요. 실제로 2023년, 제가 사는 마을에서는 한 마리의 제비도 번식에 성공하지 못하는 충격적인 일이 있었어요. 제비가 둥지를 다 짓기도 전에, 또는 알을 낳기도 전에 사라져 버린 거예요. 말하자면, 번식 성공률이 낮아진 거지요. 다른 이유일 수도 있지만 저는 농약과 살충제의 영향이라고 추정하고 있어요. 농약 사용을 줄이고, 생물을 해치지 않는 방법으로 논밭을 관리한다면, 제비가 먹이를 구하고 새끼를 키울 수 있는 환경을 지켜 줄 수 있어요.

넷째, 고양이로부터 제비를 보호해야 해요. 고양이는 귀여운 반려동물이기도 하지만, 야생 조류에겐 무서운 포식자예요. 제비는 공중에서 빠른 비행을 할 때는 고양이에게 잡히기 어렵지만, 둥지 근처에 머물거나 낮게 날 때는 고양이의 공격을 받을 위험이 있습니다. 환경부 자료에 따르면, 고양이는 전 세계적으로 수많은 새와 포유류를 사냥하

고 있고, 우리나라에서도 야생동물 피해의 주요 원인으로 꼽히고 있어요. 이를 막기 위해 길고양이 중성화 사업이 시행되고 있고, 국립공원에서는 고양이에게 색깔이 눈에 띄는 목도리를 씌우는 방법으로 새들이 미리 위험을 알아차릴 수 있게 도와주고 있어요. 고양이와 제비가 모두 안전하게 살아갈 수 있는 방법을 함께 고민해야 해요.

다섯째, 기후 변화에 관심을 가지고 기후 변화에 따른 생태 정보를 지속적으로 수집해야 해요. 앞에서 살펴봤듯이, 제비는 기후 변화에 민감한 새예요. 봄이 일찍 오면 더 빨리 나타나기도 하고, 먹이 곤충이 줄어들면 번식에 실패하기도 하죠. 기후 변화는 단순히 더워지거나 추워지는 문제가 아니에요. 생물의 서식지, 먹이, 이동 경로까지 바꾸는 큰 영향을 줘요. 지금처럼 기후가 급격하게 변한다면, 제비뿐 아니라 우리 인간도 더 살기 어려운 세상이 될 수 있어요. 지금부터라도 기후 변화에 대응하기 위한 국가 정책, 그리고 우리 모두의 실천이 필요합니다.

제비를 지키고 함께 살아가는 일은 지구를 지키는 일과 연결되어 있어요. 제비가 살기 좋은 세상은, 우리에게도 좋은 세상이니까요.

작가의 말

자연을 존중하며 다 함께 살아가요

오랜 기간 제비 연구자로 살면서 가장 행복했던 시간은 숲에 가고, 자연을 관찰하고, 사람들을 만나서 제가 좋아하는 걸 함께 공유하는 시간이었어요. 제가 좋아하는 제비와 제비에 대해 연구한 내용을 여러분에게 이렇게 직접 소개할 수 있어 얼마나 기쁜지 몰라요. 이 책을 통해서 많은 친구들이 제비라는 동물을 이해하고 연구가 어떻게 이루지는지 알게 된다면, 그리고 생태 관련 진로에 관심을 가지게 된다면 더욱 기쁠 것 같습니다.

어릴 적에 마냥 좋아하던 새에서 진로를 찾고 연구자가 된 과정은 결코 쉽지만은 않았어요. 하지만 새를 좋아하다 보니 열정을 따라가게 되었고, 열정을 따라가다 보니 꿈이 답을 하더라고요. 사람들이 가끔 물어봐요. 어릴 적 꿈을 지켜 나가는 것이 어렵지 않던가요? 어떻게 꿈을 유지할 수 있었나요? 어떻게 하면 열정 넘치게 살 수 있나요? 저도 때로는 슬럼프와 번아웃이 오기도 했어요. 좋아하는 일을 하면서도 힘든 순간이 찾아오지요. 하지만 그럴 때마다 힘이 되고 위로가 되는 무언가가 있다는 것은 정말 중요한 것 같아요. 초록색 숲을 산책하고, 새, 곤충, 꽃, 나무, 하늘 등 자연을 관찰하고, 가족과 함께 보내는 시간들은 저의 일상이 되었죠. 특히 자연은 있는 그대로 스스로 살아가는 힘이 대단한 것 같아요. 계절마다 다양한 배경을 만들어 내고, 우리에게 이로운 것들을 제공해 주니까요.

요즘 자연을 좋아하고 관심을 갖는 친구들이 많아졌습니다. 탐조를 하거나 새 사진을 촬영하는 사람들도 많아졌고요. 그럴수록 자연을 더 존중했으면 좋겠어요. 자연은 존재 자체로 가치가 있습니다. 그 가치가 우리 눈에 보이지 않고, 우리의 삶과 직접적으로 연결되지 않는다고 해서 마음대로 해서는 안 됩니다. 자연과 사람을 존중하는 사람으로 성장하는 것보다 더 멋진 일이 있을까요?

제비는 사람 곁에서, 사람과 함께 살아가요.

제비야, 왜 사람이 좋아?
초판 1쇄 발행 2025년 10월 1일

지은이 정다미 | **그린이** 이장미 | **디자인** 골무

펴낸이 염미희 | **펴낸곳** 모알보알 | **제조국** 대한민국 | **사용연령** 5세 이상
출판등록 2023년 3월 9일 제386-2023-000023호
전화 070-8222-6991 | **팩스** 070-7966-2879 | **이메일** moalboalbook@gmail.com
ISBN 979-11-992899-2-5 73490

KC마크는 이 제품이 공통안전기준에 적합했음을 의미합니다. 책 모서리에 다치지 않게 주의하세요.
이 도서는 '이다 생명문화 출판 콘텐츠 지원사업 2025'의 출판 창작 지원금으로 제작되었습니다.